若者からはじまる
民主主義

Youth Policy in Sweden – The Making of Youth Democracy

スウェーデンの若者政策

両角達平
Tatsuhei Morozumi

萌文社

はじめに

　多くの若者にとって「社会」や「政治」といえば、テレビのニュースや社会科の授業で取り上げられるものに過ぎないという感覚ではないだろうか。どうも自分には関係のない「他人ごと」のように捉えることしかできない。選挙が近付けば、先生は「自分にも影響があるのだから投票に行くように」と繰り返すが、どうもそういう気持ちにはなれない。ましてや、自分が社会に影響を与えられるなんて思えない。社会や政治に対する何とも言えない感覚は、長野県の片田舎で社会の「リアリティ」をあまり実感せずに育った私も例外ではないが、実際には日本の多くの若者に共通する感情ではないだろうか。

　私が、大学2年生の時に始めた若者支援の活動「YEC」ではそのような問題意識が共有されていた。静岡県立大学公認サークルYEC（若者エンパワメント委員会）は、大学生が中・高生の余暇活動を支援し、社会は自分たちの手によってつくることができるのだという実感を若者が持てるようにすることを目的に、同大学の友人、そしてニート・ひきこもりの若者の就労支援をするNPOの理事長でもある津富宏教授と共に2009年に立ち上げた学生サークルだ。

　ある時、活動の方向性を模索する中で手にした1冊『あなた自身の社会 ―スウェーデンの中学教科書』（アーネ・リンドクウィスト＆ヤン・ウェステル著、川上邦夫訳、新評論、1997年）という一冊の本が、私のスウェーデンとの初めての出会いだった。この本の「第4章　コミューン」の冒頭には、ある若者が地域に若者の居場所がないことに気付き、若者会館（ユースセンター）を作ろうとグループを形成し、街頭集会や署名運動などのキャンペーンをしながら、政党の青年部や警察、役所を味方につけていく取り組みが描かれている。最終的には、議員を巻き込み、議案として取り上げられ、ユースセンターは設置されることとなる。当時の私には、この文面を読んでもスウェーデンで何が起きているのかさっぱり理解ができなかった。なぜ署名運動をするのか。政党青年部とは何か。なぜ若者の居場所が若者の手によってこんなにあっさりとつくることができるのか。そもそもスウェーデンとはどんな国なのか。

　そのような疑問は一気に膨れ上がり、数か月後の2010年5月に、私は初めてスウェーデンの地へ降り立つことになる。東京の非営利団体Rightsが企画したスタディツアーで、現地の学校、省庁、若者団体、政党青年部、ユースセンターなど12か所を訪問した。視察時の私のTwitterは、こんな感想を残している。

Tatsuhei Morozumi
@tppay

視察1日目終了。democraticという言葉があちこちで自然と出てくる。なんなんだここは。

19:43 - 2010年5月3日

　視察1日目に限らず、行程全体で飛び交った言葉が「democratic（民主主義）」という言葉であったが、当時の私はその言葉が意味することを深く理解しないまま帰国することになる。

　他にも衝撃を受けたことがいくつもあった。現地で視察対応者のほとんどが二十歳前後の若者だったことは驚きであった。なかには若干20歳でありながら全国の若者団体を取りまとめる団体や政党青年部の代表を務めていた人もいた。

　とりわけ衝撃的だったのが、スウェーデンでは若者の選挙の投票率が8割を超えていたことだった。2014年の総選挙においてスウェーデンの若者の投票率は81%であった。全世代の投票率が85.8%でほぼ大差はなかったことからも、若者のみならずスウェーデン国民全体の選挙への意識の高さがうかがえる。私も多分に漏れず、日本で選挙に行くことなど「意識が高い人」の所業と思っていたものだから、なおさらショックが大きかった。

　欧米社会においては1990年代から若者の生き方や暮らしが多様化し、グローバリゼーションや個人主義の拡大の影響で、若者の政治的無関心が広がったと言われている。実際にアメリカやイギリスの選挙は日本でも注目を集め、ニュースでも報道されるので、さぞ選挙が盛り上がっているようにみえるが、実はどちらの国でも投票率は横ばいであり、日本もこの文脈に沿う国となっている。私のような者は先進国でも「普通」なのだが、スウェーデンはどうやらこの限りではないようなのである。

　ベルギーやオーストラリアは高い投票率を誇るが、これらの国では投票を「義

務化」している。スウェーデンは、投票を義務化していないのにもかかわらず、先進国間で低くなりがちな若年層の投票率が高く維持されているのである。

　なぜスウェーデンの若者は社会に参画するのか──。
　この問いへの答えを求め、スウェーデンの首都ストックホルムで暮らし始めたのは、大学４年を休学した半年後の2012年の１月であった。このタイミングで開設したブログTatsumaru Times（https://tatsumarutimes.com/）には、その後、現地の大学へ留学しながらユースセンターに潜り込んだり、ドイツの若者政策のNGOで働いたり、大学院に進学して奮闘していたりと、私が「若者」としてヨーロッパで過ごした生活の記録が綴られている。
　完全に帰国する2017年までに、ヨーロッパでは100以上の組織や施設を訪問する機会があった。視察や取材の通訳、案内、同行、コーディネート、インターンシップなどの機会を通じてスウェーデンやヨーロッパの学校、省庁、ユースセンター、若者団体、生徒会、NGO、全国団体から地域の実践までさまざまな取り組みの話を伺うことができた。また現地での日々の生活の中でもスウェーデン人やヨーロッパの若者のメンタリティに触れることもできた。
　そこで見えてきた、スウェーデンの若者が社会に参画する姿をレポートしながら背景を整理するのが本書のねらいである。

　本書の構成は以下のようになっている。第１章「若者の国、スウェーデン」では、スウェーデンという国、スウェーデンの若者の実態、社会に参画するスウェーデンの若者について紹介する。スウェーデンの基本情報から若者の実態まで網羅した。第２章「若者団体」では、スウェーデンを「若者の国」たらしめている「若者団体」に関する基本的な知識と具体的な３事例についてまとめている。第３章「教育政策と学校」では、学校内で生徒の影響力を高める多様な機会と、生徒組合や模擬選挙について紹介し、スウェーデンの学校の「民主主義を教える使命」がいかにして実現されているのかをまとめた。第４章「ユースセンター」では、スウェーデンの若者政策のひとつの柱となっている「余暇」について取り上げ、「ユースセンター」の現場実践と若者の余暇を保障することの意義について、最前線で働くスタッフの声を織り交ぜながら論じている。第５章「若

者政策とその歴史」は、以上の取り組みを下支えする今日のスウェーデンの若者政策の具体的内容と歴史を概観し、第6章では「スウェーデンの若者が社会参画する意味」についてまとめた。

　気になる章から読み進めていただいても構わないが、私としてはできるだけ、第1章から第6章まで順番に読んでもらいたいと思っている。なぜなら本書の章構成にもスウェーデンの若者の社会参画のヒントが隠されているからである。日本とは異なる文脈を持つスウェーデンの若者の日常を、より正確に理解いただくための仕掛けとしてこの順に配した。

　全般的には、スウェーデンの民主主義教育、学校選挙、若者政策、若者の余暇活動など、これまで70回以上の講演を行なう中で寄せられた興味や関心事にできるだけ応えていく形で書き進めた。私が実際に出向き、出会い、立ち会ってきた数々のシーンを提示しながら、できるだけ現地の空気感を盛り込んだつもりである。また、これまで日本の文献では紹介されてこなかったことについても踏み込んで整理し、スウェーデンの「リアル」を読者のみなさんに提示できるよう試みた。かなりマニアックな部分も登場するが、これもスウェーデンならではのこととして、ぜひ楽しんで読み進めていただきたい。

　スウェーデンの若者は、あらゆる場面、時間、レベルで社会参画が保障されている。本書は、教育、福祉、政治などの分野で若者に関係するあらゆる方々に読んでいただきたい。学校や就労などの旧来の枠にとらわれない、スウェーデンの若者の社会参画の実態とそれを支える若者政策を整理した本書をとおして、日本の若者の社会参画のあり方を再考する一助になれば幸いである。

2021年　両角達平

特別な注釈がない限り翻訳および写真提供は両角による。

本書では「参加」と「参画」が登場するが、それぞれ異なる意味を持たせて書き分けている。「参加」は「ある場所にいる／行く／活動する（受動的）」ことを指し、「参画」はさらに踏み込んで「意見表明や意思決定を行なう／活動する（主体的）」という領域を含む行為として区別して使用している。

第 **1** 章

若者の国、スウェーデン

1

北欧最大の国、スウェーデン

🞡 世界の注目を集める北欧最大の国

　スウェーデンの現在（2020年）の人口は1,038万人を若干超える程度であるが、北欧では群を抜いて多い。人口が1,000万人に到達するのは2021年になるだろうと、2010年時点では予測されていたが、高い出生率と移民の増加により、EU全体の人口増加率である１％をはるかに凌ぐ４％の伸び率を記録し、2017年１月にはこの数値に達した。

　国土の面積は、日本全土の約1.2倍で、これも北欧では最大である。日本の総人口は約１億2,000万であることから、人口密度がとても低いことがわかる。人口規模は東京都に劣るが、財政規模は同等程度であるといわれることが多い。つまりは、東京に密集した「ヒト」と「カネ」が日本の国土の1.2倍の土地に広がった国と考えてもらうと想像しやすいかもしれない。ちなみに首都のストックホルム市の人口は約96万人であり、日本でいうと仙台市や東京都世田谷区と同規模である。

　北欧最大の人口である首都ストックホルムは、「北欧のベネチア」と呼ばれるように14の島からなる水の都だ。宮崎駿監督のアニメ「魔女の宅急便」や映画「ミレニアム　ドラゴン・タトゥーの女」の舞台となった景観の美しい街である。

　四季はあるが、夏はもっとも暑いとされる７月でも平均18℃程度で、かつ湿度も低いので、動かなければ大して汗をかくことがなく、心地が良い。北欧と聞くと冬は極寒のイメージだが、ストックホルムではそこまで冷え込むことはない。もっとも寒い１月でも平均気温はマイナス３度程度である。日本と異なる点は、夏は日が長く、冬は日が短いことだ。夏はもっとも日が長いときで朝４時前には日が登り、沈むのは22時なので、夕方から深夜まで屋外で過ごすの

が夏の楽しみのひとつである。

　逆に冬はもっとも日が短いときでは、日が昇るのが朝8時30分前後で、日が沈むのが15時前である。つまり、冬では朝起きても外出時は暗く、夕方17時に帰宅するときにはすでに外は真っ暗なのだ。ゆえに、冬は体内時計が狂いやすいので、適度に身体を動かして疲労感を得たり、睡眠障害改善に役立つとされるビタミンDを摂取するなどの、「北欧の暗い冬」を生き延びるための術を習得する必要がある。お酒の飲み過ぎなどもってのほかである。

　スウェーデンといえば、古くからはアストリッド・リンドグレーン（1907〜2002）の『長くつ下のピッピ』などの児童文学や、自動車メーカーのVolvo、通信機器メーカーのエリクソン（Ericsson）などで知られている。近年では、家具メーカーIKEA、ファストファッションブランドのH＆Mの発祥の地として世界的に有名だ。さらには、首都のストックホルムはヨーロッパのシリコンバレーといわれるくらいに、IT産業のスタートアップシーンが熱気を帯びている。世界最大の音楽ストリーミングサービスであるSpotifyは、23歳のスウェーデンの若者がストックホルムで立ち上げた、ヨーロッパでもっとも成功したスタートアップのひとつとして知られている。ゲーム業界では、『Minecraft（マイクラ）』を開発・運営するMojangや『キャンディークラッシュ』のKingもスウェーデン発祥である。スウェーデンのGame Developer Index（2020）によると、世界のゲームプレイヤーの8人に1人がスウェーデン製のゲームをしていて、2009年から2019年までの間のゲーム業界収益は25倍増であったという。

水の都、ストックホルム

セーデルマルムから眺める中心街

資源の少ないこの国を支えるソフト産業が「音楽」である。スウェーデンといえば、1970年代に活躍した伝説的ポップグループABBAが有名である。90年代にはRobynやThe Cardigansといったアーティストを輩出したが、同時期に流行したアメリカのポップスの定番であるバック・ストリート・ボーイズやブリトニー・スピアーズの作曲を手がけていたのは、実はスウェーデン人の作曲家マックス・マーティンである。他にも、ケイティ・ペリー、テイラー・スウィフト、アッシャー、ピンク、アヴリル・ラヴィーンなどの曲を手がけ、2015年の第57回グラミー賞で年間最優秀プロデューサー賞に輝いている。欧米のポップスのみならず、日本の楽曲にもスウェーデン人の手がかかっていることはあまり知られていない事実だ。次に嵐やEXILEの楽曲をカラオケで歌うときには、作曲家の名前に注目していただきたい。AviciiやAlessoなどのエレクトロニック・ダンス・ミュージック（EDM）界における世界的なDJを輩出している。スウェーデンは小国ながら世界の音楽輸出国ランキングでアメリカとイギリスに次いで3位なのである。ABBAを思わせる世界に通じる音楽力は今でも健在なのである。

　さらにスウェーデンを特徴付ける高福祉・高負担の社会保障制度は、少子高齢化が進む先進国の「お手本」としてて引き合いに出されることが多い。その優等生ぶりは、さまざまな国際的な格付けランキングによって裏付けられている（図1-1）。2020年のSDGs達成度ランキングでは、スウェーデンは1位、日本は17位である。同年の政治の腐敗度を測るトランスペアレンシー・インター

ストックホルムのナイトクラブ

ストックホルムの旧市街の通り

　ナショナルの「汚職認知指数」も、エコノミスト紙の「民主主義指数」も、ス
ウェーデンはどちらも３位であり、日本は19位、21位である。
　消費税は高く、買う物によって異なるが基本的には６〜25％である。税金が
高額なことから労働意欲が刺激されず、経済的なインセンティブが作用しない
社会のイメージがあるが、スウェーデンは失業や企業倒産も当たり前の厳しい
競争社会であり、先進国の中でも極めて高い国際競争力を有する国でもある。
世界経済フォーラムが2018年に発表した国際競争力ランキングでは９位（日本
は５位）に付けていて、2018年の一人当たりの名目GDPはスウェーデンは世
界第12位、日本は26位である。なおスウェーデンはEU加盟国ではあるが、通
貨は独自のスウェーデン・クローナ（SEK）を使っておりユーロは使用されて
いない。なお、2017年の若者の幸福度は、スウェーデンは１位に対し、日本は
７位となっている。

図1-1　国際ランキング

このようにスウェーデンは、さまざまな国際指標で上位を総なめしており、かつてはイギリスのキャメロン首相やアメリカのオバマ大統領が模倣したほどである。合理主義的で、堅強な産業を持ちながらも、民主主義に基づく政治と社会制度・実践がそれなりに機能している国であるといっても大げさではない。それがゆえに、日本でもしばしばスウェーデンは社会のお手本とされるのである。北欧の政治・社会制度の第一人者である、岡沢憲夫氏がスウェーデンを「優しさと厳しさの絶妙なバランス感覚」と表しているが、まさにそれが当てはまる国だ。

✚ スウェーデン人はヨーロッパの日本人?!

　ところでスウェーデンの若者とはどのような若者であろうか。それは「スウェーデン人とは？」という疑問と重ねて答える必要がある。日本人が欧米圏へ渡ると、必ずといっていいほどに、その積極性やオープンな姿勢に驚いたという感想を持つ。基本的には、スウェーデン人も他の欧米人と同じように、日本人よりも社交的であり、自分の主張をはっきりとする。しかし、他の欧米諸国と比べてみると比較的「控えめ」である。『限りなく完璧に近い人々』の著者であるジャーナリストのマイケル・ブースはスウェーデン人をこう紹介する。「堅苦しくユーモアがなく、規則にこだわり過ぎていて、息苦しいほど体制順応型の社会に住み、噛みタバコをたしなむ退屈な人々」。この表現はあながち間違いではない。

ストックホルム旧市街ガムラスタン

生涯学習の施設のロビー

　あるとき、私のスウェーデンの友人がアメリカの友人に「どうしてもっと人の話に耳を傾けないのか？ 自分の主張ばかりしないでくれ！」と酒に酔った勢いでけしかけていた（お酒を飲むとより社交的になる点も日本人と似ている）。確かに、スウェーデン人はいわゆる「アメリカ人」よりもあまり自己主張をしないし、人の話に耳を傾ける気がする。派手な格好をしたり、知識をひけらかしたり、人前で目立つことも積極的にするようなタイプではない。時間を厳守し、礼儀正しく、争いを避けて、遠回しな言い方を好む点は、やはり日本人に似ている。

　「ほどほど」を意味する「lagom（ラーゴム）」という形容詞は、コーヒーの温度、今日の気分など、さまざまな場面で使われるが、この形容詞がまさにスウェーデンの「ほどほど」な国民性として随所で立ち現れる。他にも室内では靴を脱いだり、「ヲタク」が多いなど日本との共通点が挙げられるが、スウェーデン人が「ヨーロッパの日本人」といわれるのはこれらの性格が主な理由ではないかというのが、私の雑感である。

　ただし、日本とは大きく異なる点もある。まず英語が流暢だ。スウェーデンの公用語はスウェーデン語であるが、老若男女を問わず、誰もが流暢な英語を話す。英語を母国語としない国でもっとも英語力が高い国として知られているのがスウェーデンである。海外留学事業を手掛けるEducation Firstが行なった、英語が母国語でない60か国を対象にした調査によると、スウェーデンは2019年は2位、2020年は4位（どちらの年もオランダが1位）として評された。最近のスウェーデンの子どもたちは、スウェーデン語よりも英語で優秀な成績を収めてしまっているほど、英語が日常に蔓延している。ゆえに、スウェーデン語が話せない留学生でも、コンビニでも道端でも問題なくスウェーデン人と会話ができて、生活ができる。英語ネイティブ独特の訛りもスラングもなく、会話速度も早くないので聞きやすかったのは、スウェーデンに留学したての頃に私が実際に感じたことである。

2

スウェーデンの若者のリアル

✚ 統計が示す余暇の充実と自己決定

　スウェーデンの「若者」に焦点を当ててみるとどうだろうか。スウェーデンの若者政策では「若者」を13歳から25歳としており、約153万人がこの年齢に該当する（2020年）。単純計算をするとスウェーデンでは総人口の約15%が「若者」ということになる。日本も批准している国連の子どもの権利条約では18歳未満を子どもと定義付けていることから、スウェーデンの「若者」の定義には国際的には「子ども」も含まれる。

　スウェーデン中央統計局（Statistikmyndigheten SCB）は、基礎学校（日本でいう小・中学校）終了時の12歳から高校終了時の18歳までの人たちを対象にしたデータを公開している。12歳〜18歳の統計であるが、77万9,000人（総人口の約8%）ものスウェーデンの子ども・若者の実態を理解するには避けられないデータである。

　例えば名前。もしあなたがスウェーデン人の若者なら、名前は「エマ（Emma）」（女性）か「オスカル（Oscar）」（男性）である可能性が高い。なぜなら12〜18歳の中でもっとも人気な名前だからだ。

　4人に1人が首都のストックホルム市に住んでいる。大半（84%）がスウェーデン生まれだ。裏を返せば約16%が海外の背景を持つ移民であり、他のヨーロッパ諸国と比べても、一段と国際色豊かな国である。スウェーデン国外で生まれた若者の出生国のトップ3がシリア（2.8%）、ソマリア（1.7%）、イラク（1.4%）である。半数以上（66%）が一戸建て住宅に住み、3分の1（31%）が集合住宅のアパート・マンションに住む。62%が両親と暮らし、35%がひとり親と暮らす。なかには、独り暮らしをしたり、きょうだいで暮らす人もいる。

　家族との生活の様子はどうか。9割が親との暮らしにポジティブな回答をしている。ほとんどの若者が、帰宅する時間や家事の手伝いなど自分に関係する生活の事柄を自分で決めることができていると答えている。

　若者の多くが余暇の時間に何かしらのスポーツをしている。12歳から15歳の子どものうち、約7割が地域のクラブ活動や協会活動に週に1回、参加している。16歳から18歳になるとこの割合が5割に下がる。56％の男子がサッカーなどのスポーツのクラブ・協会活動（第2章にて詳述）をする一方、女子の割合は38％にとどまる。他の余暇活動のメニューには例えば、ジョギング、友人とサッカーを楽しむ、ジムで筋トレなどが含まれるが、歳が上がるにつれてクラブ活動よりもこれらの個別の活動をする若者の割合は高くなり、週に最低一度でも個別の活動をする人は7割に及ぶ。

　スポーツ以外の活動をする若者もいる。ボーイスカウト・ガールスカウト、劇活動、音楽活動、聖歌隊などの活動を大人と共にする12歳から15歳の若者は23％である。こちらも16歳から18歳となると、割合は15％まで落ちる。

　スウェーデンの若者も、日本人と同様、ゲームが大好きである。平日に少なくとも3時間ゲーム（パソコン、スマートフォン、テレビ）をすると答えた若者は、男子は26％、女子は4％である。ゲーム好きの割合は年上になっても変化はない。ゲームよりも人気を集めるのが、ネットである。12歳から15歳では、平日に3時間以上インターネットをする割合は約半数であり、これが16歳から18歳になると約7割となる。男女差はほとんどなく、YouTubeで動画を見たり、調べごとをしたり、オンラインゲームをしている。9割の若者がネットで友人と少なくとも週に1回はチャットを楽しんでいる。もちろん、ネットを介したコミュニケーションで他人から危害を与えられるということも起きている。

　一方で、最近の若者は読書をしなくなったというが、スウェーデンではどうだろうか。スウェーデンの12〜18歳の半数は、教科書以外の本を余暇の時間に少なくとも週に一度読む。この割合は、12〜15歳では58％のものが、16〜18歳だと38％と、読書をしなくなる傾向にある。全体的には過去半年の間に図書館を利用した若者は64％に及ぶ。

　スウェーデンの女子は、男子よりもストレスを抱えている。12歳から15歳のうち、少なくとも週に一度ストレスを感じる女子は約46％であるのに対し、男

子は23%である。16歳から18歳では、女子は約72%であるのに対し、男子は37%である。ストレスの原因は、学校の宿題やテストであり、男子より女子、年下より年上の若者の方が宿題やテストに悩まされている。

　学校生活はどうだろうか。64%が、学校の友人と時間を過ごすことを心地良く感じている。97%が学校生活を「楽しい」と答えており、92%が仲の良い友人が学校に1人はいるということだ。79%は必要な助けを教師から得ている。しかし、学校生活はいいことばかりではない。9%は過去半年間で教員に嫌がらせを受けたと答えており、15%は生徒から教員への嫌がらせを目撃している。男子（87%）は女子（77%）よりも教室を安心できる環境と答えており、帰路が安心であると答えた人の割合は両方で下がっている（男子83%、女子69%）。

　夏休みはどのように過ごしているのだろうか。スウェーデンでは、夏休み期間中に若者ができるバイトのことをサマージョブと呼んでいる。13〜15歳（13%）よりも16〜18歳（55%）の方がサマージョブを経験している。夏休みだけでなく、学期中にアルバイトをする人は30%に及ぶ。

　経済的な理由で、友人との活動に参加できない人もいる。約1割の若者が過去半年間で、経済的な理由で友人との活動に関わることができず、同世代の若者がみな持っているが高価過ぎて買うことができなかったモノがあると答えた割合は2割に及ぶ。

✦ 若者の学びや余暇に経済的な負担がかからない

　スウェーデンの若者の特徴を掴むには、そもそも生き方の前提となる経済・社会環境が大きく異なることを理解する必要がある。まず大前提としてスウェーデンと日本では、若者世代への「投資」の規模が大きく異なる。例えば、スウェーデンは高等教育も含めて学費を負担する必要がないことに加えて、奨学金制度（studiemedel）が充実している。通称、「CSN」というシステムであり、大学生で、フルタイムで就学をしていれば、給付型の奨学金を毎週約1万円（704SEK）、返済型の奨学金を毎週約2万5千円（1,772SEK）を併用して受給することができる（2016年時）。つまり、1か月を4週間とすると、毎月、返済不要の奨学金を4万円、返済型の奨学金を約10万円、両方受け取れば合計

14万円受けられるのである。これらは個人の所得に関係なく希望者すべてに支給される。ちなみに、高校までは、学校における給食費や教科書代も公立・私立にかかわらず無償である。社会見学や遠足などの行事費用も学校負担が原則であり、通学定期も支給される。

　なお16歳まで児童手当が国から月額1万5千円支給され、医療費は、地域でばらつきがあるが、多くの自治体では20歳まで無料である。歯の治療に限っては23歳まで無料である。

　学生割引も充実しており、あらゆるところで利用できる。電車やバスのチケットはもちろん、カフェ、携帯料金、Apple製品、家電まで、スマホのアプリになっている学生カードがあればよい。国鉄のチケットの「若者割引」もある。スウェーデン国鉄（SJ）では、切符購入時に学割とは別の割引サービスがあり、16歳から19歳の若者と、20歳から25歳の若者を対象にした料金設定がある。住宅も、共有スペースのあるコンドミニアムに学生価格で住むことができる。すでに家庭を持っている学生には分譲アパートも提供される。「ユースセンター」（第4章にて詳述）など若者向けの余暇施設も利用料が基本的にかかることはなく、若者による活動「若者団体」（第2章にて詳述）も会費は安く抑えられ、誰もが参加しやすくなっている。

　このようにして、スウェーデンでは経済的な障壁によって就学や余暇の機会が失われることを限りなく小さくしている。日本では、人生の三大支出のひとつである「教育費」を家庭によって、または本人が利子付きの返済型奨学金によって負担をすることが一般的であるので、親の顔色をうかがいながら進路選択をしたり、アルバイト漬けの生活が当たり前であったり、もしくはできるだけ早期に就職して、経済的に家庭から独立することが望まれている。しかしスウェーデンの場合は、「公」が若者に「投資」をするので、ひとり親世帯などのいかなる家庭事情があろうと、移民などの背景があろうと、経済的な障壁によって教育を受ける権利や余暇の機会の権利が剥奪されることがない。スウェーデン社会をみていると日本で起きている教育格差や若者の貧困など、若者に関する社会問題も、この前提が整備されればほとんどが解決されるのではないだろうかと思わせるくらいに手厚く幅広い投資が行なわれている。

✚ 本質的な生き方を追求できる若者期

スウェーデンの若者には進路選択の「ゆとり」がある。高校を卒業直後に高等教育機関へ進学する19歳の若者は、わずか13.7％である。また、OECD（経済協力開発機構）の『図表でみる教育2019年』によれば、スウェーデンにおける大学（学士課程）への平均入学年齢は24.5歳と、日本の18.3歳とは大きく差がある。

スウェーデンの高校生はどうやら日本の高校生とは異なり、卒業後の進路をゆっくり決めているようだ。実際に、スウェーデンの高校3年生に卒業後に何をするのか聞くと、「しばらくはアルバイトをする」「夏休みをゆっくり過ごしたあとは旅に出かける（スウェーデンでは卒業が6月）」「今所属している若者団体の活動を続ける」「大学進学のために勉強したりアルバイトをしたりする」という具合であった。卒業と入学の期間を自ら延ばして自由に過ごす「ギャップイヤー」に近い状態である。

そもそもスウェーデンの大学進学は、日本のそれと大きく異なる。日本のように学習塾や予備校が存在しない。高校卒業後はまずひと休みし、その期間で、自分の人生を切り開くに当たって、自分はどのような価値観を持って、どのような生き方をしたいのかをゆっくり探ることができる。スウェーデンではこの期間こそが、「若者期」であると言える。純粋に生きていくうえでの本質的な価値を追求することが、子どもから大人になるこの時期にできるのである。

ちなみに大学への入学は、高校の成績を審査対象とするか、年に2回行なわれる共通試験を受けるか、いずれかで認められる。高校の授業は既卒でも、地域の「成人学校（Komvux）」で再受講できるので、誰でもいつでもやり直しが利くのである。

翻って日本の若者は進路選択に忙しい。高校卒業後にすぐに進学する人が大部分を占める。就職する人もいるが、いずれにせよ進路を18歳で決めなければならない。高校生活を十分に楽しむ余裕はわずかで、とにかく決断し、その実現のために塾に通うなり就活に励むなりして、キャリア選択を急ぐ。加えて学費も重くのしかかるので、無駄な空白期間を設けるわけにはいかない。かくして自分とゆっくり向き合うことなしに、慌ただしき「若者期」が過ぎ去っていく。

3

社会を変えるスウェーデンの若者

🞢 世界の若者を奮い立たせた15歳のグレタさんはスウェーデン人

　「スウェーデンの若者」といえば、グレタ・トゥーンベリさん（Greta Ernman Thunberg）のことを思い浮かべる人もいるのではないだろうか。グレタさんはスウェーデンの女の子。2018年の夏から学校には行かないことを選択し、議会前に座り込む抗議活動を開始した。「気候変動ための学校ストライキ（Skolstrejk för Klimatet）」と書かれたプレートを掲げ、一人きりで座り込みを始めた当時は15歳であった。同年の9月に予定をされていたスウェーデンの総選挙に向けて気候変動の危機を訴えるために始めた彼女の元には、次第に賛同者が現れ、数百人を超える規模に膨れ上がった。なかには休みを取って参加した教員もいた。

　その後、彼女は同年12月にポーランドで開かれた国連気候変動枠組条約第24回締約国会議（COP24）や、2019年1月のスイス・ダボスでの世界経済フォーラムに招待され、さらに注目を集めることになる。グレタさんの主張に世界中の若者が賛同し、各地でストライキが勃発した。同年11月のオーストラリア各地では15,000人、12月にはスイスで4,000人、年明けのベルギーでは12,750人、ドイツでは25,000人、と徐々に勢力を拡大し、オランダ、アイスランド、ノルウェー、ニュージーランド、デンマーク、フランス、イタ

国会前で開催されていた気候変動ストライキ
（撮影：白石美咲）

リア、イギリス、アメリカ、カナダ、チリ、そして日本へと全世界に抗議活動は広がった。最終的には全世界2,000都市以上で抗議活動が展開されることとなった。この世界中のムーブメントの中、グレタさんはメッセージを発し続け、その気候変動に対する危機感とその行動力が評価され、ついには2020年のノーベル平和賞候補に推薦されるまでとなった。

彼女に象徴されるように、この国の若者は環境や社会への関心が高い。

✚ 社会問題に興味を持ち、意見表明をするスウェーデンの若者

若者政策を担当しているスウェーデン若者・市民社会庁（Myndigheten för ungdoms : och civilsamhällesfrågor、第5章にて詳述）の『今日の若者（Ung Idag）』という政府報告書には、スウェーデンの若者の政治意識の高さを裏付ける多くのデータが掲載されている。この報告書は、仕事・暮らし（arbete och boenede）、経済と社会的脆弱性（ekonomisk och social utsathett）、身体・精神の健康（fysisk och psykisk hälsa）、影響力と代表性（inflytande och representation）、文化と余暇（kultur och fritid）そして教育（utbildning）という6つの項目で構成され、全55の指標からスウェーデンの今日の若者の状況を照らし出している。「影響力と代表性」という項目では、若者の社会参画の観点から、若者の状況をまとめている。この項目では若者が社会にどれだけ影響を与えることができているのか、若者の声を代弁する政治家や若者団体の代表

政府報告書『今日の若者』には
ウェブサイト版もある

プライドパレードで行進する若者
（提供：Paula Aivmer）

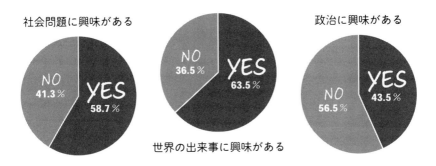

図1-2　若者の関心と行動（16〜25歳）
（出典：Ung Idag 2016）

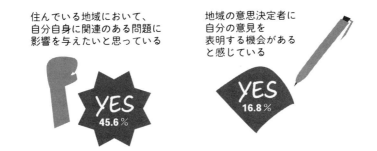

図1-3　身近な社会に影響を与えたいと思う若者の割合
（出典：Ung Idag 2016）

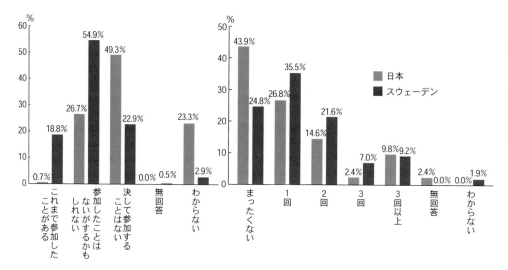

図1-4　平和的なデモへの参加（29歳以下）
（出典：世界価値観調査）

図1-5　請願書・陳情書への署名（29歳以下）
（出典：世界価値観調査）

がどれだけ若者の声を代表し、社会に伝えることができているのかを報告している。

　例えば、2016年版の報告書にはこのような統計（16歳～25歳）が紹介されている。図1-2を見てほしい。スウェーデンの若者の約6割が社会問題に「興味がある」と回答している。「興味がある」と答えることは簡単であるが、これらの「興味」が意見表明に結びついていることは、インターネット上で政治的な意見表明をする若者の多さからも明らかである。

　では、実際の社会に対して何かしらの影響を与えたいという意思はスウェーデンの若者にあるのだろうか。そんな疑念は図1-3のデータが払拭してくれる。「自分が住んでいる地域に影響を与えたい」と答えた若者が半数近くにのぼるのみならず、「実際に意思表明をする機会が身近にあると感じている若者」が6人に1人もいる点に驚かされる。地域に影響を与えたいと思っていて、地域に意見を聴かれる集会があったり、声を届けられる機会があったりしたとしても、真剣に耳を傾けてくれる人がいなければ、「実際に意思表明をする機会が身

近にあると感じている若者」の数字は 0 ％である。ちなみに、この数字は 16 〜 19 歳に絞ると 21.5 ％に上がる。10 代の若者の方がより意見表明の機会があると感じていることがわかる。

✢ 政治的な活動に積極的なスウェーデンの若者

　さらに、世界価値観調査（2010‐2014）の調査を参照してみる。この調査はさまざまな項目で、世界中の人々の意識を調査している。その中に政治参画の項目があり、これを 29 歳以下の若者に限定し、対象国をスウェーデンと日本に絞ると、2 か国間で若者がどれだけ政治参画しているかを比較することができる。

　図 1 - 4 にある平和的なデモ活動への参加に関する項目をみてみると、これまで平和的なデモ活動に参加したことがあると答えた若者の割合は、日本では 0.7 ％、スウェーデンでは 18.8 ％となっている。また、「参加したことはないが、するかもしれない」と答えた若者は、日本では 26.7 ％、スウェーデンでは 54.9 ％と差が開いた。興味深いのは日本の若者で「決して参加することはない」と答えた若者の割合は約 50 ％と、スウェーデン約 23 ％と差をつけている点である。

　政治的な署名活動の経験を問う質問（図 1 - 5 ）も興味深い結果となっている。署名をしたことがあると答えたスウェーデンの若者の合計は 73.3 ％であるのに対して、日本の若者は 53.6 ％である。反対に、署名をしたことがまったくないと答えた若者の割合は、日本の若者が約 44 ％に及ぶのに対して、スウェーデンでは約 25 ％に留まっている。

スウェーデンの高校生が投票する理由

2019年3月、私は、スウェーデンの教育現場を視察することを目的としたスタディツアーに随行した。訪問先は、ストックホルムの中心部から少し離れたナッカ高校。教頭や教員のみならず生徒から話を聞く機会も得た。同校の社会科学専攻の3年生（18歳）へインタビューをする中で、日本人スタディツアー参加者とこんなやり取りが交わされた。

Q. スウェーデンの若者が投票に行くのはなぜですか？

「私たちには変える力（power to change）があるからです。スウェーデンの多くの若い人が、自分が変えたいと思うイシューがあり、その動向に興味があります。投票を、社会を変えることができる機会だとみています。だから投票に行きます。」

「ぼく個人は、実はあまり社会を変える力があると思っていません。それでも学校で政治の議論をする中で、少なくとも投票は社会にとって大事なことだと知っています。」

「私たちは授業で各党の主張を知ることができます。投票を一度したら文句を言えないから、どうせならしっかり知るべきことを知って投票をしたいです。」

このやり取りを聞いて日本の参加者は驚いた様子であったが、私はさほど特別な回答だとは思わなかった。なぜならこれがスウェーデンの若者の平均的な回答であることを知っていたからである。

2019年3月に訪問した際の記録をもとに作成

（撮影：山崎萌果）

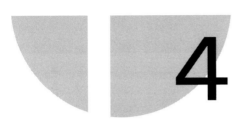

スウェーデンの若者の投票率はなんと85％

◆ ヨーロッパ諸国と比べても高い投票率

　スウェーデンの若者が、社会や環境、政治に対して高い意識を持っていることがわかってきた。だがこれらの回答は、「空気を読んだ」回答なのかもしれない。質的調査では、避けたいバイアスのひとつとして、世間的に好ましいとされる回答をしてしまうことを「社会的望ましさのバイアス（social desirability bias）」と呼ぶ。スウェーデンの若者はそうやって空気を読んだお利口な回答をしているのかもしれない。ここではさらに、政治的な「行動」に着目し、実際にどれだけ行動を起こしているのかみてみたい。

　まず確認したいのがスウェーデンの若者の投票率である（図1-6）。2002年から2018年までのスウェーデンの総選挙（国会）の投票率と世代別の投票率の推移である。2002年から全世代の投票率は8割を切っておらず、むしろ4回連続で上昇していることがわかる。その結果、2018年のスウェーデンの総選挙の投票率は87.2％に達し、1985年以降の投票率では最高となった。若い世代の投票率は、一般的には低くなるといわれている。たしかに、2018年の選挙において

総選挙実施年	2002年	2006年	2010年	2014年	2018年
全世代	80.1％	82.0％	84.6％	85.8％	87.2％
18-29歳	72.4％	75.7％	79.5％	81.3％	85.0％
30-49歳	79.9％	82.6％	85.5％	86.3％	87.8％
50-64歳	86.7％	87.1％	88.9％	88.7％	89.4％
65歳以上	79.3％	80.3％	83.2％	85.9％	85.8％

図1-6　世代別投票率の推移（出典：スウェーデン統計局）

も50-64歳世代の投票率が約90％であるのに、18〜29歳の投票率は85％であり、それ以前の選挙でも同様の傾向にある。しかしその差はわずか5％であり、世代間の投票率の格差がほとんどないといってもよい。

　世代間の投票率の格差が顕著なのは日本であるが、それが如実に現れるのは、スウェーデンの投票率と比較したときである。スウェーデンの2018年の投票率と、日本の2019年の第25回参議院議員選挙の投票率（投票率59.3％）を年齢別に比較したグラフが図1−7だ。

　縦軸が投票率、横軸が年齢で、それぞれの年齢層において何割の人口が票を投じたのかがスウェーデンと日本で比較できるグラフである。どちらの国も、高齢になるにつれて投票率が高くなっているが、スウェーデンの投票率は日本と比べて全世代高いことが明白だ。日本で一番投票率が高い70代前半の投票率66.5％も、スウェーデンの20代前半の投票率の約85％に及ばない。日本の10代と20代前半の投票率に目を向けると29.4％と、スウェーデンの同じ世代の投票率の半分以下である。この数字の大きな開きに驚かない日本人はいないだろう。

　では世界の投票率はどうであろうか。他の国と比べてスウェーデンの投票率は高い方なのだろうか。図1−8のグラフは、2014年以降に総選挙の行なわれた世界各国の投票率である。オーストラリア91.9％、ベルギー88.4％、そしてスウェーデン87.2％がトップ3である。同じ北欧のデンマークが84.6％、ノル

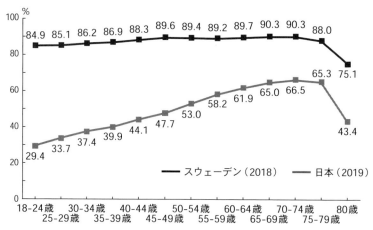

図1−7　年齢別投票率の比較（出典：スウェーデン中央統計局（SCB）および総務省）
※注　日本の各世代別の投票率は、総務省のローデータの平均値から算出

ウェーが78.2％の投票率であることから、北欧諸国の投票率は全体的に高い傾向にあるといえる。なおフィンランドは68.7％に留まる。

　トップのベルギーでは18歳以上の有権者が投票することは義務となっており、EUなどの政府機関が集中する「ヨーロッパの政治の首都」となっていることからも、高い投票率を維持するのに十分な説明ができる。ベルギー（88.4％）以外で投票に義務制度を導入しているのは、オーストラリア（91.1％）、ギリシャ（63.6％）などである。スウェーデンや他の北欧諸国には義務投票の制度はないのにもかかわらず、この高い投票率である。

　ちなみに、日本で選挙情勢が盛んに報道されるアメリカやイギリスの選挙投票率は、それほど高くはない。主な英語圏を比較すると、イギリス67.6％（2019年、議会選挙）、アメリカは56.8％（2016年、議会選挙）、カナダ67.7％（2019年、議会選挙）、なのである。オーストラリアは約92％の投票率であるが、ここもまた投票が義務付けられており、票を投じなければ罰金を課せられるようになっている。

　アメリカやイギリスを凌ぎ、かつ義務化されていないにもかかわらず、ここまでの割合のスウェーデン人が票を投じるのは、なぜなのだろうか。

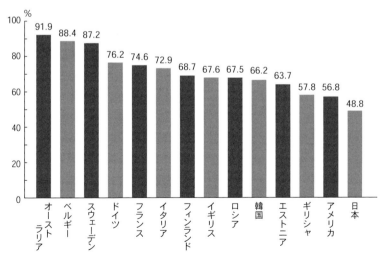

図1-8　世界各国の投票率（2014年以降）（出典：International IDEA）
※注　フランスとロシア連邦では大統領選挙、それ以外は議会選挙

✛ 30歳以下の国会議員が10％！ かつては18歳の国会議員も

　2020年時で、日本には国会議員710人中、30歳以下の議員はいない。一方の
スウェーデンでは、2018年のスウェーデン社会民主労働党連立政権下の349人
の国会議員のうち30歳以下の議員は約10％の35人である。20代の国会議員は
24人で、最年少の国会議員は22歳（1996年生）である。ここまで若い政治家が
多い理由のひとつに、スウェーデンでは選挙権年齢および被選挙権年齢が、国
会・地方議会を問わずすべてにおいて18歳で統一されていることが挙げられる。
スウェーデンでは制度上18歳で国会議員になれるわけであるが、かつて実際に
18歳の国会議員が2010年に選出されている。

　スウェーデンで史上最年少、18歳で国会議員となったのは、当時、与党の穏
健党から総選挙で繰り上げ当選したアントン・アベレさんだ。彼が政界入りし
た直接のきっかけは、2007年、15歳の時に起きた出来事だった。16歳の少年
がストックホルム市内の路上で集団暴行の果てに死亡するという事件が起きた。
アベレさんはFacebookで非暴力のキャンペーンを呼びかけ、王立公園に1万人
を集めるデモを成功させ、「路上暴力にストップを！（Stoppa gatuvåldets）」と
いう非営利団体を設立した。さらに、非暴力の運動を盛り上げるために政界を
目指し、2009年の秋に穏健党に入党、翌年の総選挙で国会議員に選出された。

　国会議員年齢も若ければ、当然大臣の年齢も若い。2014年の第一次社会民主
党ステファン・ローヴェン政権ではとくに若返りが顕著であった。教育省に高
校・若者知識向上担当大臣として配属されたボスニア・ヘルツェゴビナ生まれ
のアイーダ・ハジアリッチ氏は、当時27歳であった。これはスウェーデン史上
最年少の大臣であったという。教育大臣に任命されたグスタフ・フリドリーン
氏は任命時は31歳であり、環境党の共同党首も務めていた。彼は11歳の頃か
ら党の青年部の活動に関わり、2002年には19歳で国会議員に選出されている。
全24人の閣僚中、20代が2名、30代が4名だったこともあり、全閣僚の平均
年齢は45.1歳とこれまでにない若い内閣であった。このようにスウェーデンで
は、実際に政治を担う若い政治家・議員が多く、主要ポストに配属され、若い世
代の社会参画による社会づくりがなされている。

第 **2** 章

若者団体

1

スウェーデンの若者の7割が参画する「若者団体」

🞢 市民社会の基盤をつくる「フェレーニング」

スウェーデンでは社会のさまざまな機会を通じて若者の声が社会に反映され、若者の「社会への影響力」を高めていくことが目指されている。そのための重要な役割を担うひとつのチャンネルが、「若者団体（ungdomsorganisationerna）」である。若者団体の活動に参加する若者の割合がとても高いのがスウェーデンの特徴である。

ではここでいう「若者団体」とは何か。これを理解するために、まず、スウェーデンにおける「フェレーニング（förening）」について説明をする必要がある。

2013年の統計（Unga med attityd 2013）によると、スウェーデンの成人（35歳から54歳）の男性の71%、女性の68%が、何かしらのフェレーニングや団体・組織に加入している。この割合は若くなってもあまり変わらない。2009年版の政府報告書『今日の若者』によると、少なくともひとつのフェレーニングに属する若者の割合は16〜24歳で58%、25〜29歳で70%である。年配世代には劣るものの高い加入率であり、その数は若い世代だけでも63万人にも及ぶ。フェレーニングとは、自発的に組織された民間の非営利団体であり、幅広い年齢層が参加し、スウェーデンにおける市民社会の基盤をなすものとされている。英語で言うところの「アソシエーション（association）」であり、日本語では「協会」「団体」などと訳される。

スウェーデンの教科書『あなた自身の社会』によると、スウェーデンにおけるフェレーニングは、主に3種類に分けられる。1つ目は、商店を共同所有している「消費者フェレーニング（Ekonomisk förening）」や、共同で住宅を所有し管理する「共同住宅所有者フェレーニング（Bostadsrättsförening）」などの経済

活動を共にするためのフェレーニングである。2つ目は、労働組合や生活協同組合、大学生の学生組合などの会員の経済的な利益を追求する「利益者フェレーニング（Intresseföreningar）」。そして3つ目が、個人の利益追求を目的としない、スポーツ団体、禁酒団体などの「非営利フェレーニング（Ideell förening）」であり、日本のNGO（非政府組織）やNPO（特定非営利活動団体）に近い形態である。

　スウェーデン国税庁（Skattverket）はスウェーデンの非営利団体の条件に、「団体の目的が人民の利益になること」「団体の9割の活動が団体の目的を達成するものであること」「団体の収入の8割が目的達成に使われること」「希望者は誰でも入会が可能であること」を挙げている。これらを満たすことを条件に、所定の手続きを踏んで国税庁に登録をし、組織番号を入手することで非営利団体法人となり、銀行口座の開設や活動のための公的機関からの助成金の申請などが可能となる。2016年の統計であるが、スウェーデンにおいて25万1,000団体が市民社会セクターで活動をしており、そのうち非営利団体として法人化している割合は63%であった。もちろん、登録をしないで独自の活動を展開する団体も多く存在するので、非営利活動の数の全体像を完全に把握することは困難を極める。

✚ スウェーデンの若者団体の種類

　フェレーニングの中でも、若者を主な会員として組織されているフェレーニングが「若者団体」と呼ばれている。国の助成金の交付条件のひとつに「会員の6割が6歳から25歳で占めること」を挙げていることから、そのくらいの年齢層が主な構成員であると推測できる。

　スウェーデンの若者団体の全国連盟組織である全国若者団体協議会LSU（Landsrådet för Sveriges Ungdomsorganisationer、英語訳はNational Council for Swedish Youth Organizations。第5章2節参照）によると、2019年は全国110の若者団体が国からの助成金を獲得して活動をしており、それらの若者団体に所属する6歳から25歳の若者は延べ65万3,503人である。助成金なしに活動する若者団体を含めると若者の数はさらに増えると考えられる。

では具体的に若者団体にはどのような種類があるのだろうか。

　図2-1は、スウェーデン若者・市民社会庁（第5章コラム6参照）が1994年から2014年の間に国から助成金を交付した全129の若者団体をカテゴリーごとに分けた円グラフである。もっとも大きなグループが「宗教」であり、ここにはルター派キリスト教のスウェーデン国教会（Svenska kyrkan）や、ギリシャ正教会などが該当するが、スポーツやスカウト活動など子ども・若者を対象にした教育プログラムを提供する団体としてYMCA（キリスト教青年会）なども含まれる。「宗教」に関する若者団体というと、宗教的な活動をしているイメージがあるが、実際には宗教組織を母体としながらも、活動内容は居場所づくりだったり、余暇活動の支援だったりする。それは、国際的にみるとスウェーデンは宗教色が比較的薄い国であること、近年では若い世代ほど教会への加入率が低くなっていることも辻褄が合う。

　移民・難民の多いスウェーデン社会を反映して、2番目に大きなカテゴリーは「民族」となっている。アッシリア、ボスニア・ヘルツェゴビナ、エストニア、ギリシャ、クルド、セルビア、ソマリア、シリア、トルコなどの民族的属性のある若者から構成される若者団体がこのカテゴリーに属する。

　3番目の「趣味」のカテゴリーには、ボードゲームからeスポーツまでカバーする会員数55,000人を誇る「Sverok」や、写真、ラジオ、映画、テレビ、

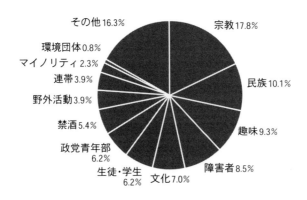

図2-1　国から助成金を受け取った子ども・若者団体のカテゴリー（1994～2014年総計）
（出典：スウェーデン若者・市民社会庁、Fokus 14 ungas fritid och organisering）

新聞などのメディア業界で活動する若者団体の全国組織である「Ung Media Sverige」などが含まれる。5番目の「文化」のカテゴリーには、劇活動、ライブやイベントのアレンジ、音楽活動をする若者団体などから構成される。その他にも、障害、禁酒、野外活動、環境、連帯、マイノリティなど、さまざまな属性やテーマに基づいたカテゴリーの若者団体がある。

　しかし、繰り返しになるが、これらは国からの助成金を受ける全国規模の団体にすぎない。全国団体の下部組織に含まれていたり、独自で活動をしているグループなども存在する。つまり、スウェーデンにおいて若者団体の数や参加者数が定かにできないのは、それくらいに多様な若者団体が存在し、若者団体が日常の一部となっているからと言っても過言ではない。

　そのような事情も含みながら、全国若者団体協議会LSUは、若者団体を以下のように定義する。

- 若者が出会い交流し、自己を変え、日々をより良いものとする場。
- 若者にとってのプラットフォーム。
- 若者による若者のための出会い・交流の場であり、市民社会にとって重要である。

　加えて、もっとも特徴的なのが、若者団体がスウェーデン社会の民主主義を強固にする役割を担う「若者運動（Ungdomsrörelsen）」の基盤とみなされている点である。
　では、なぜスウェーデン社会にとって若者団体がここまで重要だとされているのか、次節から紹介したい。

2

社会に変化をもたらす若者協議会と全国若者協議会

➕ 若者が地域社会に影響を与える「若者協議会」

　スウェーデンの西にある人口規模第二の都市ヨーテボリ市には「若者協議会（Ungdomsråd）」なる取り組みがある。若者協議会は、ヨーテボリにいる12〜17歳の101人の若者から構成される。10の行政区に分かれるヨーテボリ市のすべての区からネットの選挙で選ばれた若者である。

　2015年夏、ヨーテボリ市若者協議会は毎夏に開催される「ヨーテボリ文化祭」で、140メートルのウォータースライダーを借りようと提案。しかし、このウォータースライダーのレンタル料は決して安くはなかった。

　ヨーテボリ市若者協議会は毎年30万SEK（約350万円）の予算が市から充てられており、活動費として使うことができる。しかし、ウォータースライダーはこの半分の額に及ぶものであり、ヨーテボリ市若者協議会の「12万円以上の出費がある場合は、自治体からの許可が必要」という定則に従う必要があった。

ウォータースライダー
（提供：Paula Aivmer）

若者協議会の様子
（提供：Paula Aivmer）

そこで若者協議会は、ウォータースライダーを借りる目的を「ヨーテボリのすべての若者が出会う場となり、若者の社会統合を促進し、若者協議会の活動を広めること」と掲げて、ヨーテボリ市と協議をした。最終的には、予算の許可が下り、提案・実現に至った。

　このように若者協議会では、理事になった若者が比較的自由に計画を立て、予算をもとにオリジナルな企画を実際に実現させている。

　若者協議会の運営を担う理事は、毎年11月にインターネット上で開催される選挙で選ばれる。年に5回の定例会があり、小規模な会議は毎週開かれる。会議では、自分たちがやりたいこと、今この街で課題となっていることなどを話し合う。5つの委員会で話し合われたことは、若者が決定し、行動を主導する。若者協議会はヨーテボリ市に設置されているので、市役所のコミュニケーション部に属する専従の職員も配置される。職員が若者協議会をサポートし、活動の実現を支援している。

　若者協議会の設置はヨーテボリ市の議会（Kommunfullmäktige）により、2004年に決定された。ヨーテボリ市が若者協議会と積極的に連携する形を取ったことにより、市議会に議席を持つすべての政党の市議が、若者協議会と直接会合をする義務が命じられた。そのような機会のひとつに諮問会議がある。諮問会議とは、若者協議会が特定の課題について市議らと意見交換をする会議である。

若者協議会の対話の時間
（提供：Paula Aivmer）

意見をする若者協議会の若者
（提供：Edvin Johansson）

★ ヨーテボリ市若者協議会　Göteborgs Ungdomsråd

【 対 象 年 齢 】 12～17歳
【 会 員 数 】 101人（メンバー81人、理事20人）
【 理 念 】 ●若者が若者協議会、地域の行政、政治家に影響力を発揮でき
　　　　　　　るようになること
　　　　　　　●若者自身が話し合う内容を決めること
【 予 算 】 年間350万円
【 組 織 】 学校委員会、人道委員会、文化・余暇委員会、都市委員会、活性
　　　　　　　化委員会
【 主 な 活 動 】 ●政治家や行政への提言・質問・意見具申
　　　　　　　●活動の企画・実施
　　　　　　　●委員会の開催
【 最 近 の 活 動 】 ●地方選挙における16歳選挙権の導入の提言
　　　　　　　●若者の公共交通機関の時間限定の無償利用可（実現）
　　　　　　　●ウォータースライダー祭りの開催（2015年）

　2015年の諮問会議では、若者協議会の大きな関心事である地方選挙における16歳選挙権導入や公共交通機関の無償化などが議題として扱われた。若者協議会が、公共交通機関をすべての若者が無償で利用できるようにすべきと主張するのは共生社会の実現と正義のためだという。保護者に経済的に依存している若者もいるので、裕福な家庭で育った若者と、そうではない家庭で育った若者の間に格差が出てしまう。若者協議会のある若者はこう主張する。

　「大人は自分の人生を自由にできますが、若者は大人ほど簡単に経済力をすぐに付けることができず、街や学校に閉じ込められがちです。だから若者が自由に移動できるようにする必要があります」

　さらに、市内を自由に移動できることは、余暇・文化の活動を享受する権利の実現に不可欠だと付け加えた。若者協議会は、新たな交通計画づくりにも参画しており、ヨーテボリのすべての若者が学校の近くのバスや路面電車を無償で利用できるように働きかけた。

　その結果、平日19時から22時まで若者の公共交通機関の無償利用と「夏休み

カード」が実現した。夏休みカードとは12歳から17歳の若者が、夏休み期間中に、市のバスや路面電車を自由に利用できることを許可するカードだ。このように若者の提案が、単に「聴かれる」だけでなく実現に至る。これこそ「若者の社会への影響力を高めること」である。

　このように地域社会に若者世代の声を反映させ、影響力を高めるのが若者協議会である。自分たちで活動を組織し、政治家や行政関係者などとの対話集会を開いたり、請願書を送ったり、時にはデモ行進などをして、地域社会に影響を与える活動を、若者自らの手でやっていく。若者による、まちづくりの活動そのものである。

　2016年のスウェーデン全国若者協議会の代表であったガブリエル・ヨハンソンさん（当時21歳）もまた、そのようにして活動を始めた若者の一人だ。
　「政治には興味があったけど、政党活動には興味がなかった」
　そう答えるガブリエルさんにとって、若者協議会の活動は、「政治っぽさ」や「政党色」を気にせずに社会参画ができる絶好の機会であった。2016年の夏に話を伺ったとき、ガブリエルさんは若者が政治に影響を与えて民主的な権利を実現する方法を2つ教えてくれた。1つは、「参画」だ。例えば、市議会を傍聴すること、請願書を書くこと、政治家や政策形成者と直接会うことなど、つまりは社会に自ら参画することである。もう1つは、「表現」だ。これには、メディアへの発信、公の場でのスピーチなどが該当する。最近では、スマートフォン

2016年度全国若者協議会代表（2016年度）
のガブリエルさん

アプリ「Speak App」

のアプリを用いた手法もあり、「Speak App」というハーニンゲ市で開発された
アプリでは、市政への質問や提案が簡単にできるようになっている。このアプ
リは若者を中心に人気を集めた。

✚ 地域の若者協議会の活動を支える「全国若者協議会」

　ガブリエルさんの肩書きは「スウェーデン全国若者協議会」の代表である。
これは、スウェーデン語表記ではSveriges Ungdomsrådで、英語訳をすると
Swedish Youth Councilである。本書ではSURという略称を用いる。この組織
は、先述した各地域で活動する若者協議会を、取りまとめる全国組織である。首
都・ストックホルムに本部の事務所を構え、全国の若者協議会を会員団体とし、
各地の若者協議会の活動をサポートをしたり、意見を取りまとめる役割を担う。

　SURの本部の理事会は、全国の加盟している若者協議会から12人が選挙で毎
年選出される。その中の5人は有給の職員で、代表・副代表、組織取締役、管理
人、渉外から構成される。選ばれる人は25歳が上限なので、若さが保たれる仕
組みになっている。ガブリエルさんももちろん選挙で選ばれて代表になったが、
任期は1年で、1年後には代表の座を退いている。

　気になるのはこれらの多様な活動を支える基盤となる財源である。SURは、
加盟している若者協議会からの団体会費に加えて、スウェーデンの若者政策を
管轄する政府機関のスウェーデン若者・市民社会庁の若者団体向けの助成金も
財源としている。この財源を、スタッフの給与、事務費、リーダーシップ研修な
どに充てているので、持続可能な運営ができる。

　各地の若者協議会と彼が代表を務めるSURとの関係性についてガブリエルさ
んはこう教えてくれた。それぞれの若者協議会はスウェーデンの全国各地の自
治体、県を拠点に活動を展開している。そして若者協議会は「公式」の若者協議
会と「非公式」の若者協議会の2種類があるという。「公式」な若者協議会とは、
SURの会員団体として登録している若者協議会だ。「非公式」とは、とくに何に
も所属することなく、地域で独自に活動をしている若者協議会だ。スウェーデ
ンには全国に約130の若者協議会が存在するとされているが、そのうち半分近

★スウェーデン全国若者協議会　Sveriges Ungdomsråd

【　　組　　織　　】スウェーデン全国に点在する若者協議会の全国組織
【　　職　　員　　】本部事務所には５人の有給の職員が常駐
【　　理　　念　　】若者の地域社会での影響力を高める
【　　財　　源　　】国からの若者団体向けの助成金
【主 な 活 動】●イベントの企画・議会への請願
　　　　　　　　　●政治家と直接会う集会の開催
　　　　　　　　　●書籍発行・送付
　　　　　　　　　●全国の若者協議会向けのリーダーシップ研修
　　　　　　　　　●自治体に若者政策のアドバイス

スウェーデン全国若者協議会ホームページ

全国の若者協議会の所在を記したページ

くがSURの会員である「公式」の若者協議会だ。自治体や行政と連携しているかどうかで「公式」「非公式」となるわけではない。ヨーテボリ市の若者協議会は市の全面的なバックアップがありながら、SURに加盟している「公式」な若者協議会である。

　SURに加盟をして晴れて「公式」となった若者協議会は、会費納付の義務（初年度は無料）はあるものの、それと引き換えにさまざまな特典を得られる。全国各地にある同じように会員である若者協議会と交流ができたり、若者協議会の運営の研修会に無料で参加できたりする。地域の若者協議会をサポートする方法は多岐に渡る。全国に点在する300〜400人ほどの若者が一堂に会する集会を年４回開催し、これに併せて交流会やリーダーシップの研修会を実行したり、資金調達のアドバイスをしたり、若者政策を担当する省庁や自治体関係者との

橋渡しをしたりする。

　また、加盟をすると「若者が社会に影響を与える方法」についてまとめた書籍が配布される。SURは活動の歴史が長いので、若者が社会に影響を与えるさまざまなノウハウが蓄積されている。そのため、ときどき政治家から「どうしたら若者から政治に関心を持ってもらえるのか？」と相談が入ることもあるという。そうした場合には、これらの書籍を送ったり、その地域の学校やユースセンターに足を運ぶなどして、若者の社会参画の専門家としてアドバイスを行なったりしている。

✚ 若者協議会は「やりたい！」から始まる

　SURは、若者協議会が地域で始まり、全国組織のSURに加盟してもらうまでの6つのステップをパンフレット「若者協議会を始めよう！」にこうまとめている。
1．おもしろいことをやってみたい若者や社会に何かしら変化をもたらしたいことがある若者を集めて、グループをつくろう。
2．グループで最初に取り組むことを決めよう。
3．自治体や区の委員会とやり取りをして、支援してくれる人や資金調達に関する情報を集めよう。
4．若者協議会の立ち上げの際や運営にサポートが必要なときはSURに相談しよう。

議論をする若者協議会
（提供：Paula Aivmer）

ペイントをする若者
（提供：Paula Aivmer）

　5．SURと連絡を取って面談をして、加盟のメリットを知ろう。
　6．SURに加盟しよう。

　このようにして、SURは全国組織に所属するメリットを提示して会員団体を
増やしているのである。

　そもそも若者協議会はどのようにして結成されるのだろうか。「非公式」な若
者協議会は、このように始まることが多いという。
　1．SURのスタッフの若者が学校に呼ばれて、「民主主義の権利と若者がで
　　きること」について講演をする。
　2．刺激を受けた若者が自分たちでできることを始めようと、一念発起して
　　若者協議会を立ち上げる。
　3．独自に活動を続けたり、SURに加盟したりする。

　若者協議会を始める最初のステップが「おもしろいことをやってみたい若者
や社会に何かしら変化をもたらしたいことがある若者を集めて、グループをつ
くる」であるが、ここに若者協議会が大切にしていることのひとつである若者
自身の「主体性」が表れている。ガブリエルさんによると、スウェーデンでは
1990年代に若者協議会の設置を全国の自治体に一律で義務付けるべきかどう
か、という議論が沸き起こったという。そう
することでどの自治体においても持続的に、
若者の声を取り入れることが可能になると
いう提案が挙がったからだ。しかし結局、義
務化は無しになった。その理由は、若者協議
会の設置が一律で義務化されると、若者が
望んでいないにもかかわらず若者協議会へ
の参画が強制されかねないからだ。この出
来事は、スウェーデンの若者協議会の性格
を、「若者の主体性を何よりも大事にするこ
と」と決定付けたともいえる。

若者協議会を始める6つのステップ

3

12歳から参加できる「政党青年部」

🔶 国の法律をも変えることのある青年部の政策提案

　スウェーデンでは若者の投票率や意識が高いだけでなく、政策の形成に直接的な影響を与えることができる政治家も若いことは先述した。なぜこのようにスウェーデンでは、若い政治家が輩出されるのだろうか？ その鍵を握るのが「政党青年部」である。

　2015年、人口規模33万人ほどの地方都市ヨンショーピン市（Jönköping）にある穏健党（Moderaterna）の青年部を訪問した。日本でイメージするような「政党青年部」とは異なり、スーツで身を包むこともなく、「普通」の若者が迎えてくれた。

　ヨンショーピン市の中道右派である穏健党の会員は全体で2,500人、うち青年部は350人だ。メンバーの年齢は12歳から30歳で、うち2人がヨンショーピン市で実際に政治家をしている。穏健党青年部の会費は年間約560円程度で、本部の会費の約2,100円と比べて若者でも払いやすい。基本的な活動は、青年部のおかれる市内の事務所に集まって、飲み物やお菓子をつまみながら気軽な雰囲気で「フィーカ（fika）」をして、対話をすることだという。フィーカとは、スウェーデンの日常文化のひとつで、主にコーヒー

穏健党青年部。中央は穏健党の国会議員。
（出典：YECスウェーデン・スタディツアー
　　　　報告書2015）

★ **ヨンショーピン穏健党青年部**
Moderata Ungdomsförbundet i Jönköpings kommun

【 対 象 年 齢 】 12～30歳
【 会 員 数 】 350人
【 　組　　織　 】 「本部」「大学生部」「基礎学校・高校部」により構成
【 年 会 費 】 560円
【 主 な 活 動 】 青年部の党大会の開催、政策提言、情報発信、キャンペーン活
　　　　　　　　 動、学校訪問、学校選挙への協力、ゲーム大会実施、フィーカ
【若者への影響】 ● 多くの若い政治家のキャリアステップとなっている
　　　　　　　　 ● 主義は穏健党と近いが、具体的政策においては本部（成人部）
　　　　　　　　 　 とは異なる若者世代を重視した政策を打ち出している

を飲みながら休憩を取ることである。青年部のフィーカも日常会話から、市政や国政の課題まで内容に制限はない。もちろん、青年部として政策のアイデアは毎年実施される全国の青年部の党大会で提言する機会があるので、そのための準備もある。

　実際に青年部発で実現した政策を紹介したい。となりのハラン市の青年部では、若者が、生徒の学校選択権を求めて、学校選択制の導入を党大会で提案した。この提案はその後、穏健党の主要な教育政策となり、穏健党が加わる連立政権下において1991年に国策レベルで採択され、法律化された。

　他にもスウェーデンでは、政党青年部が会員を増やすために学校を訪問するキャンペーン活動が認められている。必要なのは校長の許可のみで、青年部は月に1回、市内各地の学校を訪れているが、これまで申し出を断られた経験は一度もないという。むしろ選挙期間中には学校から招かれ、校内の討論会に出席している。一般的にこのような討論会には、国会に議席を持つ政党のすべてが参加することになっている。

✚ 単なる若者世代の票集めではない

　政党青年部とは政党内の若い世代で構成された組織である。政治家として選

出されていなくとも党員として所属し活動に関わることができる。国会で議席を取るような規模の大きい政党は、市町村（コミューン）、県、全国のそれぞれのレベルで政党の支部が組織されているが、青年部も同様にそれぞれのレベルで組織化されている。

2016年の『今日の若者（Ung idag）』調査によれば、スウェーデンで、「政党の党員である」と回答した16〜24歳は5.6%に及ぶ。16〜19歳は4.9%、20〜24歳は6.4%であり、年齢が上がるにつれて党員として活動する割合が上がる。29歳までを含めた世界価値観調査（2010-2014）によるとその数は9.6%に及ぶ。ちなみに日本は同調査ではわずか1.4%である。

スウェーデンではほとんどの政党に青年部が存在し、独立した組織運営がなされており、国や自治体から助成金を受けて活動をしている。例えば、スウェーデンの中道左派政権、社会民主労働党青年部の支部は全国に26あり、2年に一度の総会では全国から249人の若い党員が集まる。

政党青年部の活動は多岐にわたり、党大会に向けて青年部としての政策をまとめたり、党員の勧誘をしたり、選挙時には地域の学校に招かれて討論会で党の主張を論じることはもちろん、同世代が政治について気軽に話せる対話の場をさまざまに設けたりするなど幅広い。

スウェーデンの政党青年部の最大の特徴は、政党青年部が母体となる政党本部とは政策的にも独立した活動をしているところだ。政党内で方針の違いはあっても、基本的にはどの青年部も同年代の若者の声を代弁し、政治へ反映させる役割を担っている。本部との政策協議を通じて、政策の「若返り」を促しているのである。スウェーデンの政党青年部が、単なる若者世代の「票集め」のための広報機関に成り下がっていないのはこういった理由からである。本部と青年部で方針が異なった場合は、青年部として本部へ政策の提案をする。なぜなら青年部の役割は若者世代の声の代弁だからだ。

4

趣味でつながる若者団体の運営は、民主主義の実践の機会

⊕「スウェーデンの当たり前が日本でこんなにウケるなんて！」

　スウェーデンの多様で豊かな「若者団体」をさらに理解するために、ヨアキム・ハンセンさんを紹介したい。私が彼と初めて会ったのは、2018年12月、東京で開かれた視察報告会のときだった。スウェーデンの選挙の様子や学校における模擬選挙、政治家を招いた討論会などについて報告し、盛会のうちに幕を閉じたあと、ヨアキムさんに声をかけると開口一番「スウェーデンでは当たり前のことが、日本でこんなにウケるなんて思わなかった！」と言い放った。当時彼は東京学芸大学の修士課程の研究生だった。

　ヨアキムさんは、もともとデンマーク生まれで、スウェーデン人とデンマーク人のハーフだ。7歳のときにスウェーデンの第二の都市であるヨーテボリ市に引っ越した。スウェーデンで育つ中で民主主義や政治について学んだが、民主主義にそこまで関心が高いわけでもない「普通」の若者だったという。当時の趣味はテレビゲームとアニメで、同じ趣味を持つ友達を探そうとネット検索をしたのは、高校生になったばかりの時だった。その結果、日本のポップカルチャーに興味を持つ人が集まる「Hikari-Kai」という若者団体を見つけ、活動を共にするようになった。

　Hikari-Kaiは、ヨーテボリ市内に位置するArena29というユースセンターを拠点とし毎週火曜日に活動をしていた。カラオケ、ゲーム、工作、カフェの運営が主な活動だ。漫画やアニメ、ゲームや音楽などの東アジア（とはいえほとんどが日本）のポップカルチャーへの興味を掘り下げることを目的に2005年に設立された。参加費はかからず、無料だ。

🔵 趣味サークルが「民主的な組織運営」をする理由

　ヨアキムさんの日本のポップカルチャー好きは、高校の卒業式の次の日に市内で開催されたコミコンに参加するほどに、高じていた。コミコン（Comic-Con）とは、Comic Conventionの略であり、Comic Book Conventionともいわれる。ホテルや会議施設で通常数日かけて開かれる、漫画やアニメ、ゲーム、映画のファンや作家が集う祭典で、会期中にさまざまなイベントが催され、参加者の中にはコスプレをする人もいる。日本だけでなくアメリカやヨーロッパ各地など、世界中で大小さまざまなコミコンが開かれている。

　ヨアキムさんは同時にHikari-Kaiの運営やイベントに「もっと自分の影響力を発揮したい」と感じるようになってきていた。そのことを当時の会長に相談したところ、年次総会へと招待された。総会では、新しい会長を決める選挙が執り行なわれ、会員で予算と年度計画を決める話し合いの場が設けられていた。趣味のサークルであるのに、このように「民主的な組織運営」が意識されていることに、ヨアキムさんは感心した。

　その席で副会長に抜擢された彼は、大学へ進学せずに、Hikari-Kaiの活動にコミットしていくことになる。資金も出ないボランティア活動であるので、メンバーの一人ひとりが自分の力を発揮できるよう、リーダーとして民主的な運営を心がけた。

　実は、民主的な運営を意識するにはもうひとつ理由があった。若者団体に充てられる助成金を得る要件に「民主的な組織運営」が入っていたからである。スウェーデンでは、国や自治体が交付する助成金の対象に、文化的な活動をする

イベントでのヨアキムさん（上段中央）
（提供：ヨアキム・ハンセン）

ConFusion公式ホームページ

若者団体も入っている。それを受給するためには「民主的な組織運営」が、若者団体に組み込まれている必要があったのだ。

「民主的な組織運営」ができているかどうかは、上部組織である、地方の支部組織や全国組織がチェックをする。若者協議会でいうならばスウェーデン全国若者協議会（SUR）であるし、スポーツ系の若者団体にはスポーツ系の若者団体の全国組織がこの役割を担う。ヨアキムさんがHikari-Kaiの副会長になった当時、日本のポップカルチャーに関する上部組織は存在しておらず、ヨアキムさんは仲間と話し合ってこれを立ち上げることにした。2010年に組織形成を開始し、2011年1月にヨーテボリで開催された世界文化博（Världskulturmuseet）にて最初の規約を作り、東アジアのポップカルチャーで若者がつながることができる「ConFusion」という若者団体を設立した。ConFusionの会員数は増加の一途を辿っており、現在では3,000人の会員が参画している。その後ConFusionは、スウェーデンで最大級の若者団体で、ゲームクラブの全国組織である「Sverok」（会員55,000人超）の西部支部の一員となり、全国規模の組織をバックに活動できるようになった。

その後ヨアキムさんは、教員養成課程のある大学へ進学し、社会科教員としての専門性を身に付ける中で、改めて民主主義の重要性を認識していく。かくして、日本へ留学し、二国間の民主主義や主権者教育について比較する研究生となったのである。

ヨアキムさんが、ギャップイヤーの中で自分のやりたいことに没頭しながら自分のキャリアを決めていくという生き方ができたのは、高等教育の学費が基本的にかからないこと、高校卒業直後に進学する人が多くないことなどが影響しているだろう。ヨアキムさんのような選択をする若者がたくさんいるのは、スウェーデンでは若者団体がこの時期の若者活動のチャンネルとなっており、やりたいことを実現できることが大きいのだろう。

そして若者団体の活動の中で、資金を得る条件を満たすためにも、メンバーが参画しやすい組織づくりを意識したりするなどして、民主的な運営を目指すようになった。このようにスウェーデンでは、趣味でつながる若者団体の活動も民主主義を実践するチャンネルのひとつとして機能しているのである。

5

若者団体への助成金交付と民主主義の実現

🕀 助成金の受給条件で、若さと民主主義を保つ

　スウェーデンの若者政策を担う政府機関はスウェーデン若者・市民社会庁である。目玉の事業ともいえるのが、若者団体への助成金交付である。2019年には、約25億円（2億1,200万SEK）の助成金を105の子ども・若者団体に交付した。約25億円のうち半分は、若者団体の運営の基礎となるコアの予算として配分している基礎型の助成金である。残りの半分は、支部の数、メンバー数などに比例して分配される、変動型の助成金である。この助成金で事務所を構え、人を雇うことも可能だ。本書で記した、政党青年部、若者協議会、生徒組合（第3章にて詳述）そして全国若者団体協議会LSU（第5章にて詳述）も、この助成金を毎年申請し、主たる財源としている。助成金は、地方自治体や地域機関、コーディネート団体などの公的機関に付与されることもある。

　具体的な団体助成のパターンは以下の通りである。

　＜基 礎 助 成＞　全団体に対して、約380万円（35万SEK）を交付。

　＜変動型助成①＞　全体の会員数のうち、6歳から25歳の会員の数に応じた交付（1会員あたり約250円、および1団体会員あたり約1万3千円）。

　＜変動型助成②＞　定期的かつ長期的な取り組みを行ない、しかも地域に根ざした活動である場合には追加額を交付。

　＜変動型助成③＞　障害のある子ども・若者を代表する組織には、追加額を交付。6〜25歳の会員が200人未満の場合は約164万円（15万SEK）、6〜25歳の会員が200人以上の場合は約246万円（22万5,000SEK）を交付する。

　助成を希望する団体は営利追求をせず、平等・差別禁止などの民主主義の考え方に基づくことが求められる。もちろん法律に反することがない団体かどうかも審査される。加えて、以下の条件も満たさなければならない。

　　１．会員の団体への所属が任意であること
　　２．２年間の活動実績があること
　　３．会員の６割が６歳から25歳で占めること
　　４．最低でも６歳から25歳の会員が1,000人いること
　　５．最低でも５つの県に支部があること

　若者団体への参加が強制ではなく、個人の自発性を尊重するように求めているのが第一の条件である。これが若者団体においてもっとも大切なことである。
　３つ目の「会員の６割が６歳から25歳で占めること」という条件は、若者団体が「若さ」を保つための工夫であろう。若いメンバーで結成された「若者団体」でも、活動が10年も続けば「高齢化」が進み、若くない「若者団体」となってしまうことがある。それはもはや「若者団体」ではない普通の（大人の）団体である。知識も経験もある大人から構成される団体の方がもちろん、若者団体よりも当然助成金も取りやすくなる。しかしそれは、大人のみから構成される団体と助成金を競合して奪い合うことにつながるだけでなく、若者団体全体の「高齢化」を加速させ、結果的に「若者団体」自体が減ってしまうことにつながる。それゆえに、年齢の上限を定めているのだろう。
　だからといって大人がメンバーであることを完全に拒否しているわけではないことは、「６歳から25歳の若者の割合を６割」に定めていることから察することができる。多くの教育団体がそうであるように大人の会員が所属している場合もあるだろうし、若い人にはない知識や経験が役に立つ場合もある。そもそも年齢で輪切りにして参加を完全に拒否することは、年齢による差別であるエイジズムに該当する。大人が若者団体に参加する価値も認めていることが、この会員の「６割が６歳から25歳」という条件に現れているといえる。

✛ プロジェクト助成におけるテーマや取り組み方法も、基づくべきは民主主義

　団体助成とは別の枠組みにプロジェクト助成というのもある。これは特定の
テーマを扱った短期的なプロジェクトが対象となる。2019年のプロジェクト助
成額は、約5億4,500万円（5,000万SEK）にのぼった。合計で200のプロジェ
クトからの申請があり、そのうち55のプロジェクトが採択され、どの団体も人
種差別の撤廃、民主主義、暴力的な過激主義の抑止という原則に沿ったプロジェ
クトであった。

　55のプロジェクトは大きく3分野に分かれた。

- 若者主導のプロジェクト：地域に根ざした若者団体による、子ども・若者
  の社会における影響力を高める取り組み（総額約2億2,900万円）。
- 人種・宗教・ジェンダーの差別撤廃を目的としたプロジェクト：反ユダヤ
  主義、同性愛嫌悪、トランスジェンダー嫌悪、イスラム恐怖症、サーミ族
  への差別や偏見をなくすための取り組み（総額約1億5,200万円）。
- 暴力的過激主義から民主主義を守るプロジェクト：民主主義の価値に反す
  る行動や過激化の抑止、暴力的な過激主義にある環境からの離脱を支援す
  る取り組み（総額約1億4,500万円）。

　2019年度に助成を受けた団体には、日本にも支部がある「セーブ・ザ・チ
ルドレン」、LGBTの若者のサポートに取り組む「RFSL」、環境保全活動に取
り組む「Jordens vänner（地球の友達）」、若者団体に属する女子の支援を行
なう「Tjejer i förening（フェレーニングの女子）」などの若者団体の名前が挙
がっている。なお、成人の生涯学習の促進に取り組む「スタディサークル」の取
りまとめを行なう学習協会（studieförbunden）の「Vuxenskolan」や「ABF」
「Medborgarskolan」などにもプロジェクト助成金が充てられた（第5章インタ
ビュー5参照）。

　2019年の春には、これとは別に、約6,500万円の助成金を「脅しやヘイトス
ピーチの防止」をテーマにしたプロジェクトに付与している。この助成金は民
主的な対話の基礎となる「言論の自由の保障」に関する政府委員会から割り当て
られた助成金であった。また同委員会から、ロマ族の健康促進に取り組む事業

にも約2,100万円が交付されている。ストックホルムなどの大都市の路上には、ヨーロッパの南から北上したロマ族のホームレスが目立つ。そのような社会情勢を反映した助成であった。

⊕「金は出しても口出さず」がつくり出す若者の民主主義

　助成金は中央政府以外から受けることも可能だ。多くのスウェーデンの自治体（コミューン）は、余暇、文化、スポーツなどの自治体の部局において非営利団体のための助成金を用意している。条件は自治体の担当部局ごとによって異なるが、会員数や活動の対象が審査される。いずれも民主主義の原理に沿って組織化さていることが必須要件であるが、特定のテーマ（とくに子ども・若者など）を扱う非営利団体の方が優先される。

　さらに若者団体は、スウェーデンを超えたヨーロッパ圏内における海外のプロジェクトに取り組む際には、スウェーデン若者・市民社会庁の助成金だけでなく欧州評議会やEU（ヨーロッパ連合）の若者政策部門の助成金に申請をすることも可能だ。「Erasmus＋program（エラスムス・プラスプログラム）」というEUの留学制度や、海外におけるボランティアができるEuropean Solidarity Corpsなどの若者のヨーロッパでの国際交流や活動を促進する助成金を活用した枠組みも用意されており、2018年は約5億6,200万円が充てられた。

　スウェーデンでは、多くの若者団体が高い持続性を保ちながら活動を続け、社会への影響力を発揮してきた。これを可能とするのは、このように公的機関からの潤沢な助成金があるからといえる。民主性を重んじることやメンバーの若さを保つことを条件としているが、助成金の使い道は事務所経費や人件費に充てることができるくらいに自由である。この「金は出しても口出さず」という助成金のスタイルが、公的機関から若者団体への期待と信頼の証であり、権力関係の本質的な転換を「財源」という権力の移譲という形で起こしているのである。このようにして若者団体の活動そのものを強化することに貢献しながら、若者の民主主義を形にしていくことに助成金は大きな役割を果たしている。

第 **3** 章

教育政策と学校

スウェーデンの教育政策と学校

✚ 教育の機会均等と個性化を実現するスウェーデンの公教育

　スウェーデンの公教育の始まりは中世にまで遡る。初等教育・前期中等教育が始まったのは13世紀頃であり、後期中等教育が始まったのは17世紀であった。高等教育としては、1477年にウプサラ大学がスウェーデン王国初めての大学として創立された。

　教育政策は教育省の管轄下にあり、教育法が対象としているのは、就学前教育、基礎学校（初等・前期中等教育に該当）、ギムナジウム（後期中等教育）、特別支援学校のみならず、自治体を基盤とする成人教育、移民のための学校、学童保育（fritidshemmet）なども含まれる。

　日本の小学校・中学校にあたる9年間の基礎学校は、低学年（1〜3年生）、中学年（4〜6年生）、高学年（7〜9年生）で区切られており、8月に学期が始まる2学期制である。義務教育は6歳から15歳の9年間であり、初等・中等教育においては公立・私立にかかわらず学費はかからない。給食費、交通費、社会見学や行事の費用も保護者が負担する必要はない。義務教育ではないギムナジウム（高校）へ進学する生徒の割合は98％で、ほとんどが進学をする。大学・専門学校も基本的には学費は無償であり、給付型および返済型の奨学金が充実している（第1章2節参照）。

　2010年に施行された教育法（Skollagen）は、スウェーデン政府の教育施策の執行とその責任について定めている。スウェーデン全土で290ある市町村（コミューン）自治体に教育計画の立案と質の担保の責任が課せられている。スウェーデンの教育行政は分権化が進んでいるため、大枠は教育省下に置かれる学校教育庁の定める学習指導要領の教育指針や評価基準に従うとしながらも、

各教科の学習内容や目標の達成方法は各々の学校や教師に任されており、個に応じた柔軟な教育が可能となっている。スウェーデンでは、このようにして教育の機会均等と個別化を実現しているのである。

✚ 市場化したスウェーデンの教育政策

　スウェーデンの学校が、教育の機会均等と個別化を実現できるようになったのは1990年代の教育政策の自由化による影響が大きい。自由化の始まりは、1992年の学校選択制の導入からである。これを機に公立でも私立でも自由に進学先を選べるようになった。ただし、公立の場合はその市町村（コミューン）に住む生徒を優先して入学を許可しなければいけない規制がある。私立・公立にかかわらず家庭が学費を負担する必要がないのは、生徒数に応じて公費が「バウチャー制度」により交付されるようになっているからである。ただし、どちらの形態の学校であろうと学校教育庁の学習指導要領に従わなければならないのは共通している。バウチャー制度はアメリカの経済学者ミルトン・フリードマンが1950年代に提唱した制度で、基本的な発想は自由市場モデルを教育政策に導入することによる公費の抑制と「学校の質の改善」であった。この制度は1991年の総選挙で勝利した連立保守党政権下のドラスティックな教育改革のメニューのひとつであった。その後、教育の地方分権化、バウチャー制度、そして学校選択制、私立学校の設置の許可を進めた。公立・私立にかかわらず生徒数

ヴィンスタ基礎学校の授業
（2019年3月、撮影：山崎萌果）

ナッカ高校の社会科の授業風景
（2019年3月、撮影：山崎萌果）

が多ければ多いほどより多くの補助金が支給され、それでいて保護者は居住地に関係なく学校を選択できるようになったことで、学校業界全体は「市場化」した。それによって学校は対外的な評判、統一テストの点数や学校の設備や環境を気にし、一方では、教員の給料を抑制し、教員一人当たりの生徒数を増やすなどして、新自由主義的な効率化を余儀なくされた。

　学校教育の競争の促進は、創造性と柔軟性を高めたという評価ができる一方で、教育の質の低下を招き、格差を拡大させ、社会統合の崩壊につながったという見解もある。個々の学校の多様化は同時に、学校間の差異を大きくすることになった。優秀な生徒は評判のいい学校を希望し、移民の生徒が多い学校からはスウェーデン人が転校を繰り返すといった事例も増えているという。同じような背景を持つ生徒ばかり集まれば、「スウェーデン人しかいかない学校」と「移民の子どもしかいない学校」を生み出すことにつながりかねない。移民や難民が多く住む郊外の街では、学校の統廃合が進み、優秀な学校とそうでない学校の差が大きくなっている。それは近年のスウェーデンのPISA（国際学習到達度調査）の結果が芳しくないこと原因にもなっているという。

✜それでも社会参画するスウェーデンの若者

　このようにスウェーデンの学校教育は、学費はかからず、返済不要の奨学金が出るなど、平等な機会が与えられるユニバーサルな政策である。他方、1990年代以降に進んだ教育政策の新自由主義化は、教育方法の多様化と柔軟化をもたらしながらも、社会的な統合と学校の成績には負の影響を与えた。北欧諸国は1970年代のオイルショックによる景気の後退により、福祉のみならず教育の行財政のスリム化が必須となり、イギリスのサッチャー政権を参考にして改革が断行された。同じ北欧でも、フィンランドの教育がうまくいっているのは、スウェーデ

ヘーシュビー高校での政党ロールプレイの授業

Column 2

芳しくないPISAの成績

　北欧の教育は、2000年にPISA（国際学習到達度調査）が初めてOECDによって実施され、フィンランドが読解力で1位となったことで注目を集めた。一方でスウェーデンの15歳の生徒の成績は、OECDの平均点数以上ではあったものの、特別視されるほど高いものではなく、以降も右肩下がりの傾向であった。2012年にはすべての教科でOECD平均を大きく下回り、OECD（2015）からも教育の機会と質と改善を要求された。

　スウェーデンをはじめとする北欧諸国は、学校間の格差が日本を含めたOECDの他国と比べて小さいことが特徴であったが、近年は、社会経済的背景や移民問題が子どもの成績に与える影響が大きくなっており、学校における学力の二極化が進んでいる。

　フランスの月刊国際評論紙『ル・モンド・ディプロマティーク』のインタビューでストックホルム南郊の公立中学校の教員が「生徒と教員の関係は、顧客とサービス提供者の関係に変わりました」と答えたように、教育の消費主義化をもたらし、仕事量の増加によって疲弊する教育現場となってしまった学校もある。

ンほど教育政策が新自由主義化しなかったからだという。フィンランドでは教員は教員資格取得者のみ採用し、良い待遇で迎えられている。どこの学校へ行っても同じ質の教育が受けられるようにしたことが学校間の格差拡大に歯止めをかけ、スウェーデンの教育との差をつくったといわれている。

　だが、学校の成績は日本やフィンランドよりも「悪い」としても、前章でみてきたようにスウェーデンの若者は、選挙では票を投じ、何かしらの政治的な活動や若者団体の活動をしていたりと、若者が「民主主義の実践」をしているのも事実である。では、スウェーデンの学校ではどのような実践が展開されているのか。次節からはそれらの事例を紹介したい。

2

「給食のじゃがいもが硬い！」が育む民主主義？
〜生徒の影響力を高める多様なチャンネル〜

✚ 学校に「物申す！」機会で自分の学校生活を決める

　2019年3月、スウェーデンの民主主義と教育をテーマにした視察で、ストックホルム市郊外のヴィンスタ基礎学校（Vinstagårdsskolan）を訪問した。話を伺った、ドイツで教員経験もあるステファニー・クールさんによると、ドイツの学校に比べてスウェーデンの学校では生徒がより多くのことを決めることができ、その機会のひとつに「給食協議会（matråd）」があるという。

　スウェーデンでは、20世紀初頭から国による学校給食の無償化のための施策が始まり、1970年代になってほとんどの学校での給食無償化が実現した。そのような決定をした理由は、弁当作りなどの家事からの女性の解放、栄養失調の防止、そして同じ食事をとることによる社会的平等の促進などにあるという。2011年に改定された学校法では栄養価の高い給食を無料で提供することが定め

ヴィンスタ基礎学校のランチスペース
（2019年3月、撮影：山崎萌果）

ランチ
（2019年3月、撮影：栗田夏妃）

られた。そのように重要な役割を果たす学校給食について、スウェーデン食糧庁（Livsmedelsverket）は、献立の質を高めるために意見を聴く機会を設け、その場に生徒も巻き込むことを推奨している。一律に定義付けられた名称はないが、多くの学校は生徒から意見を聴く機会として「給食協議会」を設置している。ある自治体では給食協議会は毎学期に2〜3回の頻度で開催され、全クラスから代表の生徒、学校の執行部、教職員、給食室の調理長および調理員が参加し、献立に限らず食堂の環境やルール、名称の決定や改善のための提言、意見箱の設置などについて話し合われるという。

　ステファニーさんの担当するクラスの生徒は、「じゃがいもが硬い」「魚をよく食べる国であるのはわかるけど、それにしても魚料理が多すぎる」「肉料理以外の食べ物を増やして」「盛り付けをちゃんとしてほしい」など、意見を出したと教えてくれた。もちろん、すべての意見が通るわけではなく、栄養バランスなども加味して決められるわけだが、スウェーデンでは大人を含めて食物アレルギー、ラクトース（乳糖）フリーやグルテンフリー、ベジタリアン、宗教や環境問題などの倫理的な理由により食の事情が人によって大きく異なるので、食に関して意見を表明できないことは生活に直接影響が出る一大事なのである。結果的に、これが生徒にとって身近な「学校生活の決定に対して影響力を持てる機会」となっている。

　他にもこんな事例がある。スウェーデンには以下のように学習についての事柄を、生徒自身で決めることができる場合もある。
- 自分で何を学習するか
- この教科の中で何を学ぶか（課題）
- この時間はどこで学習するか（場所）
- 誰と学習するか（共同学習者）
- この課題がどの程度をゴールとするか（到達度）
- 何を学んだか（自己評価）

　生徒が自分で、「何を」「いつ」「どこで」「誰と」「どのように」学ぶのかを自分で決め、その自分で定めた目標を達成するように学んでいく。教科学習であれ

ば、教科を選んでその課題に取り組むという形になる。

　例えば、ある基礎学校5年生の学級においては、週初めに、その週にある「自分の時間」という「自分で何を学習するか決める時間」で何をどう学ぶかを考えて決める。別の学校では、5年生には、午前中、休憩を挟んだ3時間を担任と学級で過ごす時間があり、理科・社会・スウェーデン語の三教科の課題から自由に選択して学習する。この場合は、個人で課題をこなすことが多く、他の生徒と共同で同じ課題に取り組むわけではない。グループワークをしながら学習を進めていくやり方は「テーマ学習」と呼ばれ、ここでは教師が特定のテーマを設け、それに従ってグループごとに生徒同士が話し合い、手を動かしていく。一連の「自分の時間」が終わるころには、「振り返りカード」を使って、自身の学びを自分で評価することもまた生徒自身が行なう。自身の学習方法に自ら影響力を持てるようにすることを、このように実現している。

✛ 学校運営への参画

　学校で生徒の影響力を高める機会として他にも、「クラス会議（klassråd）」がある。クラス会議は、日本の「学級会」に相当するものであるが、一部の先進事例を除いて多くの日本の学級会が決定できるのは、学級目標や係の分担や行事くらいではないだろうか。一方、スウェーデンのクラス会議は、学校生活に関する生徒のあらゆる「声」を伝えるチャンネルとして機能している。

　ヴィンスタ基礎学校のクラス会議はこう機能している。まずクラス会議の長を学期始まりに選挙で決める。その後、クラス会議が開催され、自分たちの好きなこと、変えたいと思うことについて話し合う。学校の施設や環境を扱った際には、「生徒が見やすい大きい時計を設置してほしい」「サッカーボールやバスケットボールの拡充をしてほしい」という意見が出された。

　ときには、カリキュラムを変えたこともあったという。ステファニーさんが担当するクラスでは、毎週木曜日の家庭科の調理実習の授業がとくに人気であった。毎回、調理したものを食べることができたからである。しかし、カリキュラムの調整で、その時間に遠足のコマが割り当てられてしまった。不満を覚えた生徒がクラス会議で議題にあげ、最終的には「生徒会（elevråd）」を通じ

て教頭に直訴し、変更に応じてもらったという。

　クラス会議の影響力は、教室に留まらない。クラス会議で選ばれた1〜2名の代表者は、2週間に一度の頻度で開催される生徒会に参画し、生徒自身に関わる課題や問題について話し合い、意見交換をしてその総意を校長に伝えて、意思決定に影響を与える。ヴィンスタ基礎学校の生徒会では、遠足以外に「サッカー場をどの時間帯に何年生が使うか」についても話し合われた。

　生徒会は他にも、
● 全校活動のテーマ
● 学校・教室に必要な物品の購入・補修の依頼
● 学校への持ち物や規則
● 修学旅行の資金集め
● 日程調整
● 学校の方針
などの決定過程に影響を与える場合もある。なかには、学校の予算編成にも生徒会が参画するケースもあるという。

　各地の若者協議会を結ぶスウェーデン全国若者協議会（SUR）があったように、生徒会にも全国組織が存在している。生徒会全国協議会（Elevernas Riksförbund、本章3節参照）は、基礎学校高等部（7〜9年生）と高校の生徒会を束ねる、1994年に設立された全国規模の若者団体である。毎年、生徒会同士の交流を図り、生徒の影響力を高める研修をする生徒会会議（Elevrådskongressen）という全国大会を開催している。「学校民主主義」を促進し、教育を受ける当事者である生徒の影響力を学校内のみならず、国の教育政策にも発揮させることを理念として活動をしている。

3

先生のいいなりはゴメン！
生徒の権利を守る「生徒組合」

✛「生徒会」ではない「生徒組合」とは

　スウェーデンには生徒の組合組織である「生徒組合」というものがある。これは、影響を与える範囲が学校内の生徒の生活に限定されている「クラス会議」や「生徒会」とは異なるチャンネルである。生徒組合は生徒が横でつながり、生徒の権利を守るための組合である。

　「年間予算は約３億5,600万円で、常勤で働いている人は45人います」。そう話すのは、スウェーデン全国生徒組合代表のマティアスさん（当時23歳）である。

　スウェーデン全国生徒組合（Sveriges Elevkårer）は、スウェーデンの高校の「生徒組合」を束ねる若者団体である。スウェーデンの全国の高校の半数以上の348の生徒組合を介して、計12万人以上の生徒がこの団体の会員となっている。首都ストックホルムに事務所を構え、全国の生徒組合にさまざまな機会を提供している。どんなイベントでも「おもしろくて、楽しくする」ことで、生徒組合への所属を「かっこいい！ と思えるようにする」ことを大切にしていると、マティアスさんは教えてくれた。

　スウェーデン全国生徒組合のミッションは、「全国の生徒組合が学校でより良い時間をつくり出せるように活性化する」ことだ。

　具体的な目標は、以下の３つである。

● 生徒および生徒組合のための権利基盤を強化すること。

● 不当な成績を訴える権利を生徒が活用できるようにすること。

● 物理的、精神的、社会的に学校環境を改善すること。

★スウェーデン全国生徒組合　Sveriges Elevkårer

【　代　表　】マティアス・ハルベリ（23歳、2015年）
【　事　務　所　】ストックホルム
【正規職員数】45人（平均年齢22歳）
【　加　盟　数　】348団体（2018年）
【　目　的　】●全国の高校の生徒の活性化
　　　　　　　●生徒および生徒組合の権利の擁護
　　　　　　　●学校環境の改善
【主な活動】研修会開催、教材開発、全国生徒会大会の主催、学校選挙のサ
　　　　　　　ポート、グッズ販売
【年間予算】約3億5,600万円。うち88％は政府からの補助金

　「生徒の権利を守ること」が活動の柱であり、そう表現すると「労働組合」の
ような響きではあるが、まさに労働組合の高校生バージョンがこの若者団体と
捉えるといろいろと納得する点が多い。生徒組合を活性化するために、各地域
の学校の生徒組合の研修をしたり、学校環境を改善するためのプロジェクトを
立ち上げたり、生徒の持っている「権利」についての講義をしたりしている。

　また生徒が行使できる権利や、影響力の高い生徒組合になるための方法など
を記した書籍の作成も手掛けており、完成品は無料で会員に配布している。書
籍は、例えば「意見を形成して学校に影響を与える方法」「生徒組合と全国生徒
組合ができるすべてのこと」といったタイトルが並ぶ。そしてこれらを生徒に
配布するだけでなく学校長にも送付している。生徒の能力や資質の向上はもち
ろん学校の教員や体制の変化も狙いにした書籍なのである。

　学校と社会の橋渡しをする活動も盛んだ。例えば、2015年の年次大会ではグ
スタフ・フリドリーン教育大臣（当時）を招いたり、2014年の総選挙の際は政
治家を学校に招待するディベート大会の開催をサポートしている。

　スウェーデン全国生徒組合にとっての政治家の存在について訊ねると、マティ
アスさんは「政治家は、学校であっても学校に限らなくても、とても近い存在で
す。しかし、生徒から見た政治家の印象は、常に改善の余地があります。政治家

は校長や教師の話はよく聞きますが、生徒や学校内部のことには耳を傾けていないことがあります。それが全国生徒組合の存在する意味でもあります。」と答えた。

　高校生（全体の3割）が関わる、この決して小規模ではない若者団体はどのようにして運営されているのか。それを支えるのが強固な財政基盤である。ここで冒頭のマティアスさんのひとことに戻る。全国生徒組合の2015年の年間の予算は日本円で約3億5,600万円であった。このうち88％は政府からの助成金であるという。この助成金で事務所を借りて人を雇うことができ、持続可能な運営につなげている。本部事務所では当時45人の常勤のスタッフが働いていた。

　驚いたのは平均年齢22歳というスタッフの若さだ。ほとんどが高校の元生徒組合の長で、高校卒業後、数年間この事務所で働き、大半が大学へ進学するという。

　全国生徒組合が得た助成金は、各高校の生徒組合にいくらか配分される。各地の学校ごとの生徒組合の中には、この助成金分配以外に、在校生から会費を徴収するところもあるが、多くがTシャツや学生帽を売るなどして自主財源も確保している。得た収入は、それぞれの生徒組合の利益のためでなく会員、つまり生徒の利益になるために活用されなければいけない。もちろん、全国生徒組合自身も自主財源確保のために書籍やグッズの販売も行なうなどしている。

スウェーデン全国生徒組合の生徒運動出版部門
（http://www.elevrorelsensforlag.se/）

⊕ かつては生徒が授業をしたことも？　生徒組合の歴史

　スウェーデンの「生徒関連組織」の歴史を辿ってみたい（図3−1）。スウェーデン史上最初の生徒組織は、1862年、ボロース市のかつてのスベン・エリクソン校であった技術学校にて結成された。主な活動は、ダンス会などの懇親会の開催や学割サービスの提供などであった。

その後、全国各地に同様の組織が誕生。1952年にはストックホルム生徒協会が母体となり中央生徒会議（SECO）が設立された。SECOは生徒が成績評価への不服を訴える権利の保障を主な活動とした。

　この団体がより力を得ることになった出来事のひとつに1966年のスウェーデンで起きた教師によるストライキが挙げられる。教師たちが、賃金などの労働条件の改善を求めてストライキを起こしたために、高校の現場に教師がいなくなったのだ。そこで、ストライキ中の2週間は、SECOをはじめとする生徒会の会員である生徒が教師となり、授業を行なったのだ。1969年にSECOは、これまでより一層、生徒一人ひとりを重視し、生徒自治に重きを置いた方針にすることを決定。同時に、伝統的な授業のやり方に反対するキャンペーンを開始。さらにその1年後には学校に相対評価制度が導入され、これが過度の競争と生徒の排除を生み出すと主張し、大規模な抗議運動を展開した。

　他の多くの組織と同様、生徒関連の組織はひとつにまとまったものではなかった。SECOとは別に、生徒協会（Elevförbundet）という名のもとに生徒の運動が組織化されていく流れもあった。1938年、のちに技術学校生徒協会（Tekniska Läroverkens Elevförbund：TLE）となる生徒協会が、ヨーテボリに

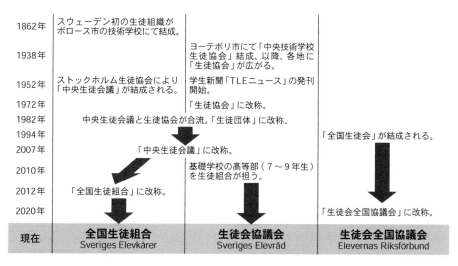

図3−1　スウェーデンの生徒組合・生徒会組織の歴史

て中央技術学校生徒協会（Statens Tekniska Läroverks Elevförbund：STLE）
として結成される。活動は主に、生徒の交流を促すダンス教室の開催や割引価
格での教材の提供などであった。1972年には名称を生徒協会（Elevförbundet）
に改め、1982年にはSECOと合併し、「生徒団体（Elevorganisationen）」に統
一された。その間、会員資格は生徒組合に限定され、生徒会を団体会員とする
全国組織が欠如していたことから、1994年には生徒会の方の全国組織となる
SVEA（スウェーデン全国生徒会）が発足し、生徒関連の全国組織が複数並列
することとなった（その翌年に「生徒団体」は会員資格の対象に生徒会も含め
ることになる）。2020年12月にSVEAは名称を生徒会全国協議会（Elevernas
Riksförbund）へ変更し、現在に至っている。

　他方、本流であった「生徒団体（Elevorganisationen）」は、2007年には名称
をSECOに改め、2010年には基礎学校の高等部（7〜9年生）をスウェーデン
生徒組合（Sveriges Elevråd）が担うことが決定され、2012年にはSECOはそ
の名称をスウェーデン全国生徒組合（Sveriges Elevkårer）に変更した。

　このような複雑な歴史的変遷を経て、今日、生徒会と生徒組合のための全国
組織が別々で存在している（図3-2）。

　ちなみに大学や専門学校などの高等教育レベルでは、学校ごとに「学生組合
（studentkår）」が組織化されている。例えばストックホルム大学の学生組合を
例に出すと、学生のための学割サービスを充実させたり、ダンスやヨガのレッ
スンや留学生向けのパーティーを企画したり、学生組合が所有するパブで安価
な飲食を提供するなどしている。ま
た学期末には、成績に不服があれ
ば学生組合を通じて大学側に訴え
ることができる機会も設けている。

　他の若者団体同様に、大学の学
生組合にもまた全国組織が存在し
ている。実に約34万人が参加す
る全国48の学生組合を束ねるス
ウェーデン全国学生組合（Sveriges
Förenade Studentkårer：SFS）で

全国生徒組合のマティアス（後左）と
静岡県立大学生
（2014年6月、提供：YEC）

組織の種類	生徒会 elevråd	生徒または学生組合 elev / student kår
会員との関係	学校の一部として存在	生徒・学生個人が任意で所属する
高等教育 (大学、専門学校など)	※全国組織なし	●全国学生組合 Sveriges Förenade Studentkårer 【設立】1921年 【会員】各地の学生組合（studentkår） 【会員数】48団体・約34万人
高校 (1〜3年生)	●生徒会全国協議会 Elevernas Riksförbund 【設立】1994年　※2020年改称 【会員】各地の生徒会（elevråd） 【会員数】162団体	●全国生徒組合 Sveriges Elevkårer 【設立】1952年　※2012年改称 【会員】各地の生徒組合（elevkår） 【会員数】348団体・約12万人
基礎学校 (所属は6年生 以降〜9年生)	●生徒会協議会 Sveriges Elevråd 【設立】2010年　※全国生徒組合から独立 【会員】各地の生徒会および生徒組合 【会員数】64団体・約1万1千人	

図3-2　生徒組合・生徒会組織の違いと関係

ある。1921年にヨーテボリの大学にて最初の学生組合が結成され、それから学生都市として有名なルンドで全国組織SFSが結成され、最初の議長となったのはウプサラの学生であった。SFSの当初の活動領域は、国際的な問題を占めていたが、徐々に国内事情にシフトし、学生の社会・経済状況の調査を実施し、通学時の電車の学生料金の適用などを政府に求めるなどして影響力を高めてきた。その後もさまざまな活動を行なってきたが、現在でも基本的には学生の生活状況や大学の教育の改善を主としている。

✦「生徒会」と「生徒組合」の本質的な違い

　図3-2からもわかるとおり、現在、スウェーデンには、基礎学校高等部から高校まで所属できる全国組織が複数あり、一部が重複している。その成り立ちの違いから、基盤となる会員が生徒会なのが生徒会全国協議会である。個人会員を基盤とするのが全国学生組合、全国生徒組合、そして生徒会協議会である。ただし基礎学校の生徒を対象とする生徒会協議会が、生徒会と生徒組合の両方を対象としているのは、基礎学校レベルでは生徒組合が存在せず生徒会しかない学校もあるからだという。ところで、カバーする学年が被ることによって競

合はしないのだろうか。そもそも「生徒会」と「生徒組合」の違いをスウェーデンの若者はどのように認識しているのだろうか。

　スウェーデン生徒会協議会に所属するエドヴィン・ヨハンソンさんは、二つの組織の違いは「それぞれで掲げる生徒組織のあるべき姿」にあると言う。曰く、生徒会全国協議会に所属する生徒会というのは、学校の校長や教員の支配下にある生徒会であるが、生徒組合は、より学校から独立した組織であり、より多くの支援を個々の学校の生徒組合や生徒に直接提供できるという。

　たしかに、スウェーデン全国生徒組合のホームページを見ると、生徒会（Elevråd）と生徒組合（Elevkår）を区別して表記していることに気付く。「Elevråd」は英語に直訳するとstudent council、つまり「カウンシル」なので諮問機関としての生徒会組織ということになる。クラスの中から、選挙によって選ばれた生徒の代表により構成されるいわゆる伝統的な「生徒会」をイメージしてもらえればいい。この場合、生徒会は学校の「一部」であり、教師は生徒のニーズを把握するために生徒会に意見を聞いたりすることはあっても、それ以上のことを生徒会に求めることはない。日本人に身近な生徒会像である。

　一方、生徒組合はこれの対極にある。スウェーデン語の「Elevkår」は英語に直訳するとstudent bodyやstudent unionであるので、「組合」や「自治会」の意味合いが強い。こちらは生徒一人ひとりを会員としているので、学校の一部というよりも「生徒」が横でつながった組織であるという理解が正しい。産業別の労働組合のようなものだ。事実、生徒組合は学校から完全に独立しているので、生徒がそれぞれの学校で組織化される生徒組合に加盟するもしないも自由なのである。学校の一部でもなく教師の「諮問機関」でもないので、より生徒一人ひとりの権利を重視した活動に焦点を当てることができる。

　生徒会は学校が設置する機関という位置付けであり、教師主導の傾向がある。他方で、生徒組合は生徒たち自身が会員の母体であるので、自己組織化して「生徒として」学校

スウェーデン生徒会協議会のエドヴィンさんは
ヨーテボリ市若者協議会の一員でもある

に働きかけることができる。「生徒会」が「代表民主主義的」であるのに対して、生徒組合はより「直接民主主義的」であるともいえる。

　とはいえ、すべての高校生が全国生徒組合に加盟できているわけではない。以上の整理を踏まえれば、未だに多くのスウェーデンの高校の生徒会が学校の諮問機関としての「生徒会」に成り下がったままであると考えることもできる。生徒組合は、部分的な参画しかできない「御用生徒会」を、本質的な生徒の参画を保障し、生徒の生活状況の改善や権利の保護を目的とする「生徒組合」へバージョンアップさせようとしている。

　スウェーデン全国生徒組合はホームページに、学校教育法第四章九条を以下のように掲載し、組合の活動がこれを根拠としていることをアピールしている。

- ● 生徒には、教育に対して影響力が発揮できるようにしなければならない。
- ● 生徒は、教育の改善のために積極的な参画が促進され、生徒自身に関わるあらゆる事柄については、常に情報が与えられなければならない。
- ● 生徒への情報提供と影響力のあり方は、年齢と発達に応じたものとする。
- ● 生徒は、教育に対しての影響力を高めるために、生徒に関わる事柄を主導できなければならない。
- ● 生徒の権利に関わる組織活動も同様に促進されなければならない。

　先に「労働組合」として読んでもらえるとわかりやすいと記した理由がわかるのではないだろうか。教師に従属する生徒、学校に所属する生徒ではなく、社会において「生徒」という身分に属する、一人ひとりの若者がより良い生活を送るための権利を保障するための活動を、生徒である当事者が行なっているということだ。生徒にとっての生活とは、生徒への情報提供、良質な就学の機会を含む学校生活に限らない生活全般のことを指す。これらが学年や年齢に応じたものであること、主導するのは生徒であるということ、そしてこういった生徒の権利に関わる活動は積極的にされなければならないことをスウェーデンの学校教育法は唱っている。

　つまり、生徒組合の活動というのは既存の学校体制や教員に反抗するものでもなく、スウェーデンの法律で保障されている権利を生徒自身が自分たちの手によって実現していく活動なのである。

学校生活や生徒会活動は民主主義のトレーニングの場

リナ・フルクヴィストさんは、スウェーデン全国生徒組合の2018年の代表で、常勤の職員として働く23歳（当時）の大学生だ。視察時にこんな質問をしてみた。

Q. なぜ生徒会の活動が大事だと思いますか？

リナ 生徒会の活動は、若者にも社会にも意義がある活動であり続けてきました。若者の声が聴かれることによって、大人に指図されたことではなく、自分たちがやりたいことを自分たちで実現して、それを社会に見せることができるのです。

学校生活は良質な教育を受ける権利を行使するという日常生活に不可欠なものです。だから生徒会の活動というのもそれ自体が大事なのです。スウェーデンを例にとると、高校生活は人生でとくに大事な時期であります。なぜなら高校への進学は人生で初めてとなる自分の意思による進路選択だからです。そして、少し先に大人の人生が待っています。

その時期に自分たちの手によって生徒会活動をすることで、「市民」になることができるのです。市民というのは、結社の自由、言論の自由、出版の自由など、これまで労働組合が体現してきたことそのものともいえます。スウェーデンは確かに若者の活動に助成金が付く国ですが、それでも社会には若者への不信はあるものです。ですので、全国生徒組合としては、私たち若者にだってできることがあると社会に示して、若者が実現したいことを叶え、社会を変えていくことをバックアップをします。社会を変えるというのは、日常の些細な「疑問」から始まります。ジェンダーフレンドリーな更衣室がほしいと声をあげることや、学校の計画に意見すること、さらには抗議活動に生徒組合の仲間を派遣するなどし、実現へと近付けています。

学校が、組織的な活動をするのにとてもいい場所であるのは、そもそも生徒の公益（common interest）を追求する場だからです。加えて、何かを変えるにはより組織の規模を大きくする必要がありますが、その面でも学校は適しています。組織が大きければ大きいほど声をまとめるのは難しいものですが、影響力は強くなります。高校生活を不安に思う新入生のために友達づくりができるような小さなイベントを企画することだって社会を変える一歩です。それこそ生徒会組合が応援していることなのです。

2018年2月に訪問した際の記録をもとに作成

4

中・高生が投票するスウェーデンの模擬選挙「学校選挙」の秘訣

✚ 約45万人の生徒による投票

　スウェーデンでは、国政選挙と地方選挙が4年ごとに実施されている。選挙権年齢、被選挙権年齢はともに18歳であるので、若者は18歳から票を投じることもできれば、政治家として立候補することも可能である。一方で、18歳未満の若者には当然、投票権がない。だが、学校には民主主義を実践する方法とそのための技能を教え、高校卒業後に待ち受ける現実の社会や政治に参画できる「市民」として生徒を育てることが求められる。ほとんどすべての子どもにリーチすることができる学校というチャンネルにおいて、実社会における民主主義について学び、実践する機会を提供することが欠かせない。

　そこで実施されているのが、「学校選挙（Skolval）」である。学校選挙は、実際の選挙と同時期に実施される、生徒が票を投じる模擬選挙であり、選挙投票の「予行演習」となっている。できるだけ実際の選挙と同じよう執り行なわれる

ナッカ高校における学校選挙の様子

学校選挙キット
（撮影：水谷多加子）

★ 学校選挙　Skolval

【　実　施　】　中学校（基礎学校高等部）と高校

【学校負担】　なし

【政府予算】　１回あたり約6,000万円（約2,000校分）

【　手　法　】　実際の選挙方法とできるだけおなじ

【　目　的　】　民主主義について学び、実践すること

【　歴　史　】　1960年代…　一部の学校で学校選挙が実施され始める。

　　　　　　　　　1998年 ……　全国統一。以後、国全体での投票結果を集計・発表。
　　　　　　　　　　　　　　　　テレビ局のバックアップにより実現。当時は370
　　　　　　　　　　　　　　　　校が参加。

　　　　　　　　　2002年 ……　若者・市民社会庁によるサポート開始。国政選挙
　　　　　　　　　　　　　　　　に併せて学校選挙が実施されるようになる。

　　　　　　　　　2010年 ……　学校選挙事務局を生徒組合が担う。

　　　　　　　　　現在………　国政選挙に加え、EU選挙でも実施。

【サポート】　選挙管理委員会（実際に選挙で使われるさまざまな用品につい
　　　　　　　　ての支援）および学校教育庁（学校との連携や教育法に沿うよ
　　　　　　　　うにするための支援）。
　　　　　　　　事務局が独自に使える予算は約3,600万円。

【　実　績　】　2014年は1,629校で実施し、46万6千人が参加。
　　　　　　　　2018年は2,000校を目標にし、1,528校で実施。49万人が参加。

【　特　徴　】

- 公正・公平。

- 守秘義務を守り、投票は匿名で行なう。

- 学校の授業の一コマとして行なわない。ボランティアで自発的な参加をねらう。

- 事務局は、各学校の学校選挙担当者が支給された教材とおりの手順で実施し
　ているかをチェックおよびモニタリングする。

- 学校選挙をいつ・どうやるかは生徒が決める。まずは社会科の教員に連絡を
　取るが、それ以降は生徒会などの生徒が窓口になる。事務局はすべての参加
　校にメールや電話を通じて必要な教材を送ったり、ウェブサイトにて情報発
　信するなどして、生徒をサポートする。

- 学校選挙を楽しく行なうことは重要。楽しければ楽しいほど、生徒の関わり
　が深くなる。

- 選挙前後でさまざまな企画をするように推奨している。例えば、政治家を招
　いた討論会やワークショップ、フィールドワーク、国会議事堂見学ツアーの
　開催など。

- 高校では企画実施を生徒だけでやってよいが、基礎学校では18歳以上の人が
　関わらないといけないきまりのため、教員が加わることもある。

ことが重視されるので、使用する投票用紙も投票箱も選挙管理委員会から提供される本物だ。投票先も、架空の人物や政党ではなく、実際に届出をして立候補している政党が対象となる。

　2014年時の学校選挙では、基礎学校高等部と高校の合計1,629校が参加し、約46万6,000人の生徒が学校選挙に参加した。4年後の2018年の学校選挙では参加校は1,528校に減少したものの参加した生徒は増え、約49万人となった。しかしスウェーデン全土における学校数の割合でいうと基礎学校は23%、高校は40%の参加に過ぎず（2014年学校選挙）、学校選挙を実施する学校はまだまだ多勢ではない。

　学校選挙の開催を希望する学校は、各学校の生徒会や生徒組合が中心になってプロジェクトを立ち上げ、全国の学校選挙を取りまとめる「学校選挙事務局」に申請をする。学校選挙事務局は、学校選挙実施日前に地域の政治家を学校に招く「政党ディベート大会」を開催したり、選挙期間中に街中に出現する政党のブースである「選挙小屋（Valstuga）」に足を運んで党員と対話をしたり、社会科の授業で党首になりきるロールプレイをしてディベートをし合うなど、政党を選択するための判断材料を提供し、吟味する機会を設けることを勧めている。そして、それらを生徒が中心になって実施できるようにサポートをしている。

✛ サポートが手厚い学校選挙事務局

　2018年の学校選挙事務局の名前は、「Skolval 2018」であった。4年に一度の選挙の度に立ち上げられる全国規模のプロジェクトであるので、2010年のときは「Skolval 2010」、2014年は「Skolval 2014」と名称が変わる。

　学校選挙事務局（以下、事務局）は、スウェーデン全国生徒組合の入るオフィスビルに置かれていて、全国生徒組合のメンバーが事務局を兼務している。政府から約6,000万円がスウェーデン若者・市民社会庁に付与され、そこから約3,600万円が事務局に割り当てられる。事業実施体である事務局は、全国生徒組合、生徒会協議会、欧州若者議会スウェーデン、若者メディアサービス（UNG MEDIA SVERIGE）から構成され、事業を実施する責任政府機関としてはスウェーデン若者・市民社会庁、選挙管理委員会、学校教育庁が位置付けられて

【学校選挙2018の流れ】

8月初旬まで	学校ごとに学校選挙の登録（Webでできる）
↓	
すぐに	事務局が「スターターキット」（事務手続き案内）と「選挙キット」（投票方法および集計方法案内）を送付
8月27日～9月7日	各学校において討論会や学校選挙をこの期間で実施
9月7日まで	集計結果を事務局に返送
9月9日	総選挙当日・投開票日 学校選挙の結果は、当日20時の投開票所締め切りと同時に公表

【事務局構成】

図3-3　学校選挙の流れと事務局の構成

おり、これらの組織・機関と協力して学校選挙は実施される（図3-3）。選挙管理委員会は、実際の選挙に使われている投票用紙や投票箱を提供し、それを「スターターキット」と「選挙キット」として参加表明をした学校へ送る。学校教育庁は学校や校長を取りつなぎ、さらに学校教育法に沿って実施できるよう補助する。

　事務局はスウェーデン若者・市民社会庁からの財政的バックアップにより専従職員の雇用、学校選挙に必要となる教材やグッズの開発および配布をしている。学校選挙が実施される前に行なわれる政党ディベート大会やロールプレイ授業の実施支援教材も含む。

　このような手厚いサポートにより、学校や生徒の学校選挙にかかる費用を最低限に抑えている。できるだけ実際の選挙と同じ方法で選挙は実施されるが、学校選挙で投じた票は実際の選挙に換算されないことはもちろん影響を及ぼさ

	学校選挙	実際の選挙
フェミニスト党（FI）	1.78%	0.46%
左党（V）	8.99%	8.00%
環境党（MP）	10.27%	4.41%
社会民主労働党（S）	19.53%	28.26%
穏健党（M）	21.23%	19.84%
自由党（L）	5.04%	5.49%
中央党（C）	12.15%	8.61%
キリスト教民主党（KD）	3.96%	6.32%
スウェーデン民主党（SD）	15.5%	17.53%
その他	1.55%	1.07%

図3-4　2018年の学校選挙と総選挙の政党別の得票率の比較

ないように配慮されている。集計された学校選挙の結果は、実際の選挙の投票所を締め切った後に開示されることになっている。

2018年の学校選挙の結果と、実際のスウェーデンの総選挙の政党別の得票率の比較を見てほしい（図3-4）。生徒の投票先と実際の選挙の投票先を比べると、その選挙結果に大差がないことがわかる。2018年の選挙で勝利した社会民主労働党（S）がもっとも得票率が高く、右派勢力の穏健党（M）が2番目の得票率なのは学校選挙でも実際の選挙でも同じだ。そして、環境みどりの党と情報の自由を主張する海賊党をスウェーデンの未成年は支持していることがわかる。

学校選挙の結果が注目を集めるといわれるのは、若い人がどのようなメッセージを受け取っているかをみる一つの指標になるからだという。学校選挙は、未来の有権者の意見を世に発信する機会にもなっているのである。

✤ 票を投じる以上に大事なこと

公的機関からの手厚い財政支援も味方につけて展開される学校選挙だが、政府側はこの4年に一度の壮大なプロジェクトにどのような想いを込めているのだろうか。2014年、学校選挙を全面的にバックアップしているスウェーデン若

者・市民社会庁の担当官であったヘンリック・カールソンさんに「スウェーデンの若者の投票率が高い理由に、この学校選挙の取り組みがあるからではないか？」と単刀直入に質問をすると、こんな返事があった。

「必ずしもそうとはいえないが、学校選挙が果たしている役割は大きいです。学校選挙の参画によって生徒は、少なくとも選挙のやり方がわかるので、実際の選挙への敷居を下げていることは間違いないでしょう。」

さらにこう強調する。「学校選挙も大事ですが、学校の役割としてもっとも重要なのは、学校選挙を通して、子どもたちが民主主義について学び、実践できる機会を提供することです。政治や社会について学習し、民主的な方法を通じて民主主義について学ぶことで、民主主義の制度にも積極的に参画するようになるのです。」

このようにしてスウェーデンでは若者の民主主義社会への参画を推し進めるさまざまなメニューの中に「学校選挙」を位置付けている。

ちなみにスウェーデン若者・市民社会庁は子ども・若者が民主主義を学ぶための教材開発も怠らない。スウェーデン全国生徒組合と趣味とゲームの若者団体の全国組織であるSverok（第2章4節参照）とのコラボレーションで、宇宙空間を舞台にして民主主義について学ぶ「評議会（Rådet）」という名前のロールプレイングゲームも開発している。これは政治色が色濃く反映される特定のテーマに触れずとも、民主主義について学ぶことができるという工夫がされている。

スウェーデン若者・市民社会庁の教材
（撮影：白石美咲）

ロールプレイングゲームブック
「評議会（Rådet）」

インタビュー
interview 1

語り手　ジュリア・セーデルベリ（Skolval 2018事務局広報部）、ヘレナ・オルソン（同プロジェクトアシスタント）

スウェーデンの模擬選挙
「学校選挙」で始まる市民社会

投票の手順を記したポスター
（撮影：古野香織）

スウェーデンではどのように学校選挙を実施しているのだろうか。学校選挙「Skolval 2018」事務局のジュリアさんとヘレナさん、当時若干20歳の2人に話を伺った。

Q 学校選挙の結果は社会の注目のマト？

ジュリア　多くの人が、学校選挙の結果と実際の選挙の結果の違いに興味があるようです。2014年の結果では、実際の選挙では社会民主労働党が学校選挙よりも得票率が高くて、緑の党が学校選挙の方で得票率が若干高かったです。学校選挙の結果がなぜ実際の選挙と違うのかは、いろいろな要因があって何ともいえません。私たちが少なくとも知っていることは、この10年間、初回投票者（18歳）の投票率は上がり続けているということです。

Q 広報にSNSを使っていますか？

ヘレナ　SNSの発信もして若い人たちを巻き込む工夫をしています。インスタグラムではハッシュタグ#skolval2018で、いろんな人たちと交流をしています。もちろん自分たちで発信もしていますが、学校選挙に取り組む生徒には「できるだけこのハッ

シュタグを使ってください！」とお願いしています。例えば、投票用紙が届いたときや実際に学校で政治のイベントを開催するときなどに、このハッシュタグを使ってもらうのです。

Q 政治家を招いた討論会のテーマは？

ヘレナ　地域の政治家を招いて行なう討論大会は、事前に生徒たちにどんなトピックに興味があるかを聞きます。例えば、給食を無料にすべきかとか、学内の活動についてだったりとかです。他にも、自分の将来を考えてもらって、16歳とか17歳の人たちにこれから大人になったときに、どんなことに興味を持つと思いますかと聞いたりもします。学費や一人暮らしの住居のことなど、自分にとってどんな話題が4年後に身近になるのかを考えてもらい、それを討論大会で話すといった具合です。

Q 学校が実施を反対することがある？

ジュリア　学校選挙は政治的に中立なので、特定の政党色が付くということはありません。むしろ民主主義を教える機会であることを理解してもらっています。学校選挙をやりたくない学校の断る理由としては、学校に来る政党によっては、生徒の抗議活動を恐れていることがあるからです。騒動が起きたりすると学校の評判が下がって、入学希望者が減る可能性もあるからです。

ヘレナ　私たちとしては、そういう生徒の抗議活動も、民主主義の参画のひとつであり、方法であり、当たり前のことだから、悪いことではないと訴えます。民主主義的な考え方としては、特定の主張を排除するのではなくて、こういう考え方もあればああいう考え方もある。そういう状態が民主主義なのだから、それでいいのではな

Skolval2018のインスタグラム

政党の主義主張を記したポスター
（撮影：古野香織）

いかと言っています。

　政党の来校を拒む他の理由として
は、極端な主義主張をする政党があっ
て、そこが勢力を拡大して国会で議席
を取ったことに対して、不安がってい
る生徒がいる、というのもあります。

　校長は、生徒が特定の政党に反対し
て抗議活動をすることを恐れていま
す。そういうことが起きたら、メディ
アが取り上げて、学校の評判が落ちる
からです。

Q 学校選挙を通して見える 民主主義とは何でしょうか？

ヘレナ　　　すべての人の一票が大
事だと思っています。投票に限らず、
自分の周囲で起きていることや、自分
の人生で起きていることが大事にされ
たり、尊重されたりしていることが民
主主義ではないかと思います。

　スウェーデンの民主主義で重要な
役割を果たしているのは、市民社会で
す。市民社会が広まることが民主主義
が機能することであるので、その市民
社会が機能するためには、自由に団
体・組織ができ、持続していくように
することが必要です。障害や社会的・
経済的な背景に関係なく、参加してい
る人たちの声が尊重されて反映されて
いく。それで市民社会が実現し、その
結果として民主主義ができるのではな

いかと思います。

ジュリア　　若者には将来がある、明
日があるというふうによく言われます
が、私はそうではなくて、若者は「今、
その目の前」に存在しているんだと考
えます。私たちは、生きている自分た
ちの身の回りの「今のこと」を変えて
いけるようになっていかないといけな
いのです。

　だから、事務局としては生徒がいる
学校つまり学校生活自体を変えてい
ける仕組みとしての生徒会や生徒組合
を支援していくということを大事にし
ているのです。基礎学校の上級生が学
校選挙を企画できるようになることに
よって、若さによる「年齢差別」が起
きなくなります。14歳だからといっ
て学校選挙の運営が全部できないとみ
なすのではなく、最初から「できる」
と期待しています。

　民主主義は、市民一人ひとりが積極
的な参画をしないとまわっていきませ
ん。そういう意味で、学校選挙などの
機会を通じて民主主義に参画する方法
を教えていくというのは必要ではない
でしょうか。

2018年6月に訪問した際の記録をもとに作成

5

学校の使命は「民主主義を教えること」

🞢 民主主義の価値・知識・技術は学校によって培われる

　スウェーデンの学校には「民主主義を教える」という確たる使命がある。スウェーデンの教育法（Skollagen）では、教育の目的を「スウェーデン社会の基盤となっている人権の尊重と、基本的な民主主義の価値を伝え、根付かせる」（第一章四条）と定めている。この目的を達成する柱は３つあり、１つ目は知識や価値を伝授すること、２つ目は個人の成長を促すこと、３つ目は市民性を培うことである。この３本柱が民主主義社会へ参画する素養を培うことにつながると考えるのがスウェーデンの学校教育である。

　ところで、教育法が謳う民主主義と人権に関する「知識」や「価値」とは具体的に何を指すのであろうか。スウェーデン若者・市民社会庁が2014年（当時は青年事業庁）に発刊した教員向けの副教材である『政治について話そう！』（Prata Politik!）では、「生徒は民主主義社会において、能動的な市民性（ett aktivt medborgarskap／英訳：an active citizenship）を行使するための技能を育まなければならない」と解説する。同書はさらに、「市民性を行使するための技能」つまり「市民的技能」について、学校調査局の2012年発行の『民主主義を基礎に置く価値に関する学校の取り組み』を引いて詳述している。

『Prata Politik!』（左）と日本語版（右）

1．法によって定められた、スウェーデン社会が根ざそうとする寛容、平等、連帯、人権の尊重、多様性、環境などの基本的な民主主義の価値。

2．生徒が能動的に社会参画するために（för att aktivt kunna delta i samhällslivet）必要となる政治、社会、民主主義の機能に関する論理的知識。

3．民主的な社会で生活と行動をするために必要となる読み書き、基礎的な数学力、コミュニケーションや情報収集の技術、批判的な思考などの実践的な技能。生徒は、不変の知識によって社会に溢れる情報を取捨選択して見極めることを学ぶだけではなく、責任を取る経験、参画をする経験、エンパワメントされる経験、そして民主的な方法による練習の経験を積む必要がある。

　1は、能動的な市民としての根本の価値観、2は社会参画するための知識、そして3はそれらを活用するための具体的な技術という整理をしている。

　それではこれらの教育理念は、指導要領などにはどのように落とし込まれているのだろうか。教育法に基づいて作成される学習指導要領（Läroplan）でも、学校における生徒の社会参画が強調されている。基礎学校と就学前学級（2018年から義務化された基礎学校に入る前の準備のための学級）、学童保育（fritidshemmet）を対象にした学習指導要領（2019年改訂）の「生徒の責任と影響力（第2章3項）」という項目では、「影響力を発揮し、責任を取り、参画をするという民主主義の原則はすべての生徒に適用されなければならない」とされている。同項目では、生徒が「教育に対して＜影響力を持つ＞こと」、「教育の改善のために積極的な参画が促進され、生徒自身に関するあらゆる事柄については、常に情報が与えられなければならない」、「情報提供や生徒の参画は年齢や成熟度に応じること」がその後に明記されており、これはスウェーデン全国生徒組合が活動の根拠としている条文そのものである。なお、「生徒の責任と影響力」という項目は高校の学習指導要領でも存在し、高校レベルであっても生徒の影響力を発揮させる民主的な社会参画の機会を保障することが謳われている。

　これらの記述から明らかなのは、スウェーデンの学校教育における「人権」と「民主主義」の飽くなき強調である。生徒が実社会において積極的に社会参画をすることができるようになるために、スウェーデンが基盤とする民主主義社会

で大切にされている平等、連帯、人権、多様性などの「価値」、社会がどのように構成されているのかを理解するための「知識」、そしてその社会で生活をし積極的に参画していくための「技術」は、学校によって教育されると考えているのである。前述した、給食協議会、テーマ学習、クラス会議、生徒会、生徒組合、学校選挙は、この目的の達成に資する重要な機会となっているのである。

✚ 政治家の来校による生徒の騒動

　他方で、学校で政治を扱うことの難しさはスウェーデンでも課題となっている。ヨーロッパの他の国同様、スウェーデンも多分に漏れず過激な主義主張を掲げる政党が躍進している。そのような政党が学校選挙の実施前の「政党ディベート大会」のために来校した際には、騒動が起きたりしている。実際に2014年3月には首都ストックホルムのグローバラ高校では、政党ディベート大会に登壇予定だったスウェーデン民主党の青年部の党員の入校を、生徒らが封鎖する事件が起きている。同党の主義主張が「差別的」であったことが、封鎖の理由だとされている。また2010年にはヴェルムドー高校においても、生徒と政治家との間で小競り合いが起きている。騒動への対応として政党ディベート大会の際に警備員を手配した学校もあるほどだ。

　また、最近ではSNSの利用が若い世代で増える中、ネット上ではフェイクニュースが飛び交うなどして政治に関する報道や情報も錯綜するので、正確な情報をもとに投票先を決めることが一層難しくなっている。

　実は先述したスウェーデン若者・市民社会庁の副教材『政治について話そう！（Prata Politik!）』はそのような背景の中で作成された教材である。学校において中立を保ちながら政治を教えるにはどうしたらいいのか。騒動を起こさないために学校に政党を招かない判断をしてよいのか。どのようにしたら安全な政党ディベート大会が実施できるか。政治の情報を正確に収集するための具体的な方法は何か。これらの問いに答えるように副教材はできている。

　教材では、教育法、学習指導要領やガイドラインに触れて学校で民主主義を教える重要性を説き、学校に政党を招く際に参考にすべき国の指針やルール、具体的な実践方法について紹介している。

✛「学校は価値中立とはなり得ない」それはどういうことか？

　この教材を読んでいてハッとさせられたのは、「＜学校は価値中立にはなり得ない＞ それはどういうことか？」という章を読んだときである。日本では、学校において政治問題を扱う際に、教員には「政治的な中立性を保つこと」が求められる。特定の政党や政治的な思想に偏らないように、中立を保って客観的な立場から政治を教えるということである。スウェーデンの学校教育でも同様に政治的な中立を保つことは期待されている。しかし、これを支えるロジックが日本とは大きく異なるのだ。

　まず、この章の冒頭ではいきなり「学校は価値中立になることはあり得ない」と断言をしている。つまり、社会の中にある多様な価値観、それらすべてを公平に扱って教えることなどできないと潔く認めているのである。そのうえで学校においては、スウェーデン社会に行き渡るべしとされる民主主義の価値（生命の尊厳、表現の自由、男女平等など）を絶対視することをこう明言している。

　「（前略）学校は価値が中立となることはなく、民主主義の価値が侵害されることがあっては決してなりません。学校が価値中立ではないという事実が意味するのは、学校内で広まる価値については中立ではないということです。（中略）生徒は、さまざまな人々の権利に対して、ときには民主主義的ではない意見や考えを持つかもしれません。しかし、学校は核となる民主主義の価値においては中立ではなく、民主主義の価値に立脚し、民主主義の価値を伝えることを務めとします。これが意味するのは、学校の教職員としてあなたは学校が基礎に置く民主的な価値観に反する価値や意見に対しては反応し、距離を取る責任があるということです。また、学校にいるすべての人が尊重されなければならないということを意味しています。」（政治について話そう！14頁）

　そのうえで、学校にいるすべての人が尊重されるために、差別、ハラスメント、虐待行為などの民主的でない行為を具体例に挙げながら、以下の点における差別に教職員が対処する責任があることを述べている。

　「すべての人は学校において身体的性、民族、宗教、思想・信条、性表現、性自認、性的指向、年齢、障害やその他の虐待的な扱いに基づいた差別を受けてはならない。そのような風潮は、積極的に対処されねばならない。外国人恐怖

症や不寛容は、知識と開かれた対話、そしてたゆまぬ努力によって対処されねばならない。」（政治について話そう！14頁）

　ここで大事なのは差別の禁止の対象に思想・信条も含まれている点である。尊重と平等な扱いの対象に政治的な思想や主義も含まれるので、政党に対しても平等に接することが期待される。このロジックに則り、国会に議席を有するすべての政党を平等に扱い、同様の条件で学校に招くことが奨励されるというわけである。

　だからといって、すべての政党にいつも同時に来校してもらう必要はない。政党の来校をそれぞれ別の日にする場合には、それぞれの政党が同じ条件（滞在時間、場所など）のもとに招かれればよい。反対に、ある政党が他の政党より悪い条件を申し出たとしても、その政党だけを特別扱いすることはしない。万が一、ある政党の来校を拒む場合、平等に対処しなければならないので、その他の政党の来校も拒むというロジックが働く。しかし、学校教育庁はこれを「望ましくない」と、こう記している。

　「かつて、すべての政党に来校してもらい平等に機会を与えるという学校への要望があるために、逆にすべての政党に対して学校の扉を閉ざしてしまった学校もあった。それはあり得るひとつの解決策ではあるが、学校教育庁が推奨するものではない。なぜならそのような解決策は学校に課された『民主主義のミッション』と折り合いをつけることが困難となるからである。」（政治について話そう！21頁）

　つまり、政治的中立性の懸念による政党の来校の拒否の正統性を、学校に課された「民主主義のミッション」が上回るということである。

　そもそも、学校において政治的な活動を制限する特別な規定はない。もちろん、憲法、ヨーロッパ人権条約、学校で規定された原則など、政治家の来校時には考慮しなければならない決まり事はあるが、基本的には生徒の学校における政治的活動を制限する特別な規定は存在しない。この基本方針を立てたのは、高等裁判所、国会オンブズマン、行政オンブズマンであるので、スウェーデンにおいては政党の来校は政府機関により奨励されていると言える。このような力強い後ろ盾が、学校において民主主義を教える「ミッション」を可能としている。

第 **4** 章

ユースセンター

1

スウェーデンにおける若者の余暇政策と実践

✚「なぜ日本人はそんなに忙しいのですか？」

　日本人が比較的少ない北ヨーロッパの地に住んでみると、思いもよらない質問をされることがある。もっとも多かった質問が「なぜ日本人はそんなに忙しいのですか？」である。スウェーデン人は、とにかく勤務時間が短い。朝9時に出勤したら何がなんでも17時には職場を出るのが基本だ。この国では「働きすぎ」を美徳と捉える文化もないし、同僚の目を気にしてサービス残業する人もいない。裏を返せば、仕事以外の「余暇」の時間を重視している。

　同じことが若者にも言える。日中に学校の授業があっても、夕方に塾へ通うことなどない。そもそも日本のような塾が存在しない。学校が終われば、地域のクラブチームでサッカーやアイスホッケーをしたり、音楽などの習い事をしたりする若者もいれば、若者団体の活動をする若者、帰宅してゲームに没頭する若者、友人とフィーカ（fika）をする若者、ただたむろしているだけの若者とさまざまだ。そのようなスウェーデンの若者の余暇のオプションに「ユースセンター（Ungdomsgård）」が含まれる。ユースセンターとは、地域に設置された若者がさまざまな活動をすることができる施設だ。就学や就業の時間の活動ではない「自由な時間（fritid）」を過ごす場所である。

　スウェーデンの若者政策（2009年）は大きく5つの部門（教育と学習、就労支援、健康と脆弱性、影響と代表、文化と余暇）をカバーしているが（第5章1節参照）、この分類に従うのなら「文化と余暇」に該当するスウェーデンの若者政策の実践をこの章では紹介したい。

　スウェーデンの若者の「余暇」における活動は主に2つある。1つ目は前章で

紹介した「若者団体」を基盤とする活動である。これまで見てきたように、国の若者政策としてスウェーデン若者・市民社会庁の助成金は、若者団体へ充てられている。学校の授業の時間外および労働時間外で展開されるという意味でも、若者団体での活動は余暇活動の範疇だ。そして2つ目が、本章で紹介する「施設」を基盤とした余暇活動である。

✣ すべての若者に開かれるユースセンターとは

　スウェーデンの若者の余暇の活動場所は、スウェーデン語で「mötesplats」という単語で表される場合が多い。英語に直訳するとmeeting placeという意味であり、つまり「交流・集いの場」と訳すことができる。

　余暇活動施設とは、中・高校生世代が余暇を充実させるための「交流・集いの場」であり、学校でも家庭でもない「第3の居場所」として機能している。特定の若者を対象にするわけではなく、すべての若者に開かれており、誰でも自由に出入りしながらさまざまな活動ができる場所である。利用料は基本的には無料。バンド練習、音源作成、ダンス、スケートボード、フットサル、テレビゲーム、宿題の手伝い、イベント企画、映画鑑賞、おしゃべり、相談、カウンセリング、ボランティア活動、職業訓練、工芸、アート、バスケットボール、バレーボール、サッカーなど、若者がするであろう、あらゆる活動のほとんどが余暇活動施設内で、あるいはそこを拠点に展開される。

　これらの余暇活動は、スウェーデンの若者政策では
● 開かれた若者活動（öppen ungdomsverksamhet）
● 開かれた余暇の活動（öppen fritidsverksamhet）
● 開かれた活動（öppen verksamhet）
● 構造化された活動（strukturerad verksamhet）
● グループ活動（gruppverksamhet）
といった具合に、さまざまな呼称が用いられる。また、余暇活動が展開される施設も名称が厳密に統一されたものとはなっていない。

余暇活動施設は大別すると2つのカテゴリーに分けられる。ひとつは「ユースセンター（ungdomsgård）」「余暇センター（fritidsgård）」と呼ばれる種類のものである。1990年代以降、設置数は減少傾向にあるが、2016年のスウェーデン若者市民・社会庁の調査によると、国内にはおおよそ900のユースセンターおよび余暇センターがあるとされている。主に13歳から16歳を対象にしていて、対象年齢の若者層の5〜10％が施設を訪れている。2つ目のカテゴリーが、全国150か所に設置されている「若者の家（ungdomens hus）」「すべての活動の家（allaktivitetshus）」「文化の家（kulturhus）」といった施設である。こちらは15歳から20歳が対象であり、1990年代以降に施設数が増加した。前者は、若者でも低年齢層を対象にし、後者は高年齢層を対象にしている。加えて、これらの区分けに該当しない「複合型」と呼ばれる施設も存在する。いずれの施設もおよそ3分の2が公設民営の形態を取り、民間の非営利団体などによって運営されている。

✛ シャールホルメン若者の家の日常

　これらの施設や活動を具体的に想像してもらうために、あるスウェーデンのユースセンターを紹介したい。私がスウェーデン留学時にインターンシップをした「シャールホルメン若者の家」だ。シャールホルメン若者の家は、全14区に分かれるストックホルム市の東南の地区シャールホルメン区（Skärlholmen）

シャールホルメン若者の家の外観と入口

スポーツ、イベントができるホール

に拠点を構える余暇活動施設である。正式名称は「アンドラヘメット・シャール
ホルメンの若者の家（Andra Hemmet : Ungdoms hus i Skärlholmen）」であり、
英訳するとThe Second House : Youth House in Skärlholmen、つまりその名
の通り、若者にとっての「第二の家」となることがこの施設のミッションだ。

　同区は、約33,000人の住人のうち48％が外国籍で、実に70もの言語が飛び
交う国際色の豊かな地域だ。19歳以下の若者は人口の26％を占める。シャール
ホルメン区の行政は、社会福祉課、子ども若者・余暇活動課、高齢者・障害者
課、地域サービス課、行政課の5つの部門に分かれており、このユースセンター
は子ども若者・余暇活動課に属し、自治体から全面的に資金が供給されている。
2015年からは「フリースヒューセット（Fryshuset）」（本章インタビュー2参照）
という北欧最大規模のユースセンターを運営するNGOが運営を引き継いでい
る。現在は、同地区内の別のエリアに移転し「Station 13」という名称のユース
センターとなっている。

　シャールホルメン若者の家は、12〜19歳を対象にしている。前述したカテゴ
リーでいえば「複合型」の施設である。他の施設よりも広範な層が来るため、開
館時間も年齢や性別に合わせて多様に定めている。通常の開館時間は17時から
22時までだが、月曜日と土曜日は17時から20時までを12〜15歳の若者に開
放し、水曜日は18時から21時までを12〜19歳の女子限定にしている（当時）。
もちろん若者なら利用料は無料だ。全体で約1,700平米に及ぶこの施設には、平
日は実に60人から100人の若者が訪れる。

カフェラウンジは安価で、軽食も購入できる

巨大な鏡があるダンスホール

「シャールホルメン若者の家」
インターンシップ体験記 (2012年9月)

　私が、「シャールホルメン若者の家」のインターンとして手伝いをすることになったのは、ストックホルム大学のキャンパス内の学生パブでDJをしていたことが、ここで働く職員の耳に入ったからである。知り合いを通じて連絡があり、Facebookのチャットメッセージで直接やり取りをしてすぐに働くことになった。かくして、若者の家にてDJユースワークが始まった。

　初日は以下の通りであった。

　大学でのスウェーデン語の授業を終えた私が、若者の家に着いた夕方、施設には15歳くらいの若者がちらほらいたくらいだった。事前の告知ができなかったので、DJユースワークのことも私のことも誰も知らず、当然声をかけてくる人はいなかった。職員の1人が若者をつかまえ、音楽が好きならDJをすればいいじゃないかと聞くと、その若者は「いや〜けど英語できないし…」とスウェーデン語で答える。その言葉を耳にした私はすかさず、「大丈夫！ 俺もスウェーデン語できないし！ けど音楽で通じ合えるんじゃない？」と回答をするも、「いや、今日はいいや。またね！」と断られてしまった。

　しばらくスタジオで1人で練習をしていると、デックと名乗る若者が突然現れ、DJユースワーク初めての受講生となった。基本的な曲のつなぎ方などを教えると、デックはヒップホップが好きだと教えてくれた。するとまた1人の若者が現れ、「なんかやってみせてよ！」と唐突なリクエストが。そこで少しの間、プレイをお披露目しているとデックが「もう8時半だから行かなきゃ！」とスタジオをあとにした。リクエストをしてくれた若者と互いのことを紹介し合ったところで、その日はDJユースワークを終えた。

2018年6月に訪問した際の記録をもとに作成

ユースセンターで働く専門職「余暇リーダー」の職能

🕀 若者と協働で手を動かすサポーター

　シャールホルメン若者の家には、12人の職員が勤めている。余暇活動施設で働いている正規の職員は、「余暇リーダー（fritidsledare）」という専門資格、もしくは「社会教育（Socialpedagog）」の科目の修了証を有している場合が多い。英語では、ユースワーカー（Youth Workers）と呼ばれる立場にある人だ。余暇リーダーの資格は、民衆大学（folkhögskola）で2年間の職業教育プログラムを修了することで習得できる。資格がないと働くことができないわけではなく、余暇活動施設にはパートタイムの職員や、ボランティアやインターンの立場で関わる人も多い。常勤の割合は約6割に留まり、残りはパートタイマー（非常勤）や、インターン、ボランティアである。

　余暇リーダーの平均月収は約347,000円（27,000SEK）で、平均年齢は33歳と比較的若めだ。ちなみに高校の教師の月収平均は約484,000円（34,700SEK）、平均年齢は39歳である。物価も税金も高いスウェーデンの事情を考慮すると高給取りとは言えず、社会的地位向上が求められている。

　リンネ大学で社会福祉学を専攻するフォルクビー教授（Torbjörn Forkby）は、スウェーデンには余暇リーダーはおよそ3,700人（2014年）いるとしている。その半数が自治体の余暇活動・文化活動部局が管轄する余暇活動施設で働く。資格がない職員向けに研修の機会も存在し、スウェーデンのユースセンターのネットワーク組織である全国セツルメント連合（Fritidsforum）がそのような機会を提供している。

　シャールホルメン若者の家には、フルタイム職員以外にパートタイムの有償

スタッフも働いているが、少しユニークな枠がある。それは若者運営会議（詳細は後述）に参加した経験のある者を積極的に採用するものだ。毎月第2土曜日に開かれる若者運営会議に出席し、会議のサポートをしたり、他のグループの面倒をみたりする。いわば経験のある「先輩」が「後輩」にアドバイスをする役割を期待する採用だ。さらに「ジュニアリーダー」として働く制度もある。1学期間だけ何かのグループのリーダーになって責任ある立場を経験してもらうというものだ。

　私が通っていた当時は、21歳の元施設利用者の若者が2人この立場で関わっていた。施設の利用者である若者にできるだけ運営に関わってもらう狙いを職員（当時）のスサーナ・ブロリンさんはこう話す。「責任を分担して、余暇リーダーというのはどういうものかを体感してもらうためです。結果的に正規の社員として働きたくなった暁には、学校に行って資格を取らなければいけませんが、そういうきっかけを提供しているのです」。若者自身がこのように若者を「支援する」立場になることで、効果的に活動ができるというメリットもある。年配の職員よりも若者の方が、より若者に近く、若者と関わりやすくなることを職員は知っているのだ。

　職員には施設で若者の声を聴くことを徹底するだけでなく、他者との関係づくりを促していく役割も期待される。スウェーデンの余暇活動施設の総称は、「Mötesplats（交流・集いの場）」であるが、余暇活動施設においては若者が何か新しいことを始めることになったら大抵の場合、一人で完結することなく他の若者と協働で手を動かすことになる。

　必要な場合には、その地域の大人にもつなげる。職員は地域と若者の「ハブ」のような存在であるので、多くの人脈を活用して若者のやりたいことをサポートする。例えば、音楽制作に挑戦したい若者がいれば、職員の知り合いのミュージシャンを呼んで音楽制作を手伝ってもらったりする。このようにして一人ひとりの若者を、他の若者や地域の大人などの資源とつないで、関わる人を自然と増やしていく。余暇リーダーは、教える立場にあるというよりも、若者がやりたいことをサポートし、他者との関係づくりを促し、活動の取り組みを促進する立場にある。

若者を施設の設立過程から巻き込む

　私が最初にシャールホルメン若者の家を知ったのは、大学のプログラムで課せられたフィールドワークで訪問先を探しているときに「若者の社会参画の好事例」として知り合いが教えてくれたからである。一体何がきっかけで若者参画の好事例となったのであろうか。それは、この施設の設立過程にあった。スサーナさんに若者の家がどのようにして設立されたのかを聞いた（2012年6月）。

　この施設はもともと廃墟となった留置所であったという。スサーナさんがシャールホルメン区で働き始めたとき、自治体の取り組みのほとんどは大人を対象にしたものであった。そこに疑問を抱いたスサーナさんはシャールホルメン区の担当者と話し合い、許可を得て若者向けのプロジェクトを始めることにした。その後、スサーナさんは、区の住人を集めて対話集会を開催した。そこで明らかになったのは、住民は若者のことを「なんとなく恐れている」ということであった。それは若者のことをよく知らない住民の率直な意見であった。若者が地域から排除されていることを悟ったスサーナさんは、若者をもっと地域に巻き込んでいくことの必要性を感じた。そこでスサーナさんは、このプロジェクトに若者を巻き込んで、若者のための施設を作ることにした。

　スサーナさんはまず始めに立ち上げを手伝ってくれる他の施設の余暇リーダーを集めた。その後、街中の若者がいるあらゆる場所に足を運び、一緒に取り組んでくれる若者を募った。当初の目標人数は15人であったが、予想に反して最終的には100人を超す若者が集まったという。人数が多かったのでいくつかの小さなグループに分けてプロジェクトを進めることにした。「若者の家」を建設することが区によって決議され、施設の候補地である廃墟を10人の若者と下見へ行ったときのこと。ある若者は、自分たちが本当に施設を建てることに関わることなどできるのかと、半信半疑だった。その様子を気遣いスサーナさんは「ちょっと見に行く

シャールホルメン若者の家の設立に大きく関わったスサーナさん

だけでいいからね。いつでも帰っていいから」と無理強いをせずに誘った。当日姿を見せたその若者は廃墟を目の当たりにするやいなや「自分がこの建物を作り直すプロジェクトに参画できるなら、あなたの＜右腕＞になってみせるよ！」と答えた。そして施設の奥まで入り、すべて見終わったあとには「自分がこの建物を作り直せるなら、あなたの＜左腕＞にもなってみせるよ！」と言ってくれた。こうして建設のプロジェクトが始まった。

　スサーナさんは、若者に何ができるのかを見極めることが関わる大人に求められると言う。「若者自身が参画を望み、若者自身ができると信じ、関わる人たちみんなのことを『感じられる』ようにすること。これがプロジェクトの立ち上げにはとくに重要です」と付け加えた。最終的には1年半でシャールホルメン若者の家以外にも3つの施設が周辺地区（Vårberg, Sätra, Bredäng）に設置された。

　施設の建設後も、スサーナさんは若者を巻き込む仕組みづくりを怠らなかった。施設に来ることになる若者を想定して若者のグループをつくり、来館する若者に自分たちがどのように関わるかを、若者自身に考えてもらった。例えば、ダンス練習のためにイベントホールを使う可能性のある若者に、「どのような内装にしたらいいか」からではなく、まずは「どのように自分たちは関わることができるか」を話し合ってもらったという。それによって、その空間でどのような「言葉」や「感情」が行き渡ってほしいかを最初に考えることになり、その空間づくりのための内装をどうしたらいいかをその後に考えるようになるからだ。

　この一連の流れを受けてできたのが、若者運営会議や活動ごとのグループである。どちらも施設の利用者である若者を中心に構成されるものだ。例えばこんなグループが立ち上がった。

- ● イベントグループ：サッカー、パーティーなどのイベントを主導
- ● ピラ・ダンサーズ：12〜19歳にダンスのレッスンの機会を提供
- ● 127Playエンターテインメント：音楽イベントなどの自主企画を手伝う
- ● 日曜日チーム：障害を持った若者と関わる
- ● ショーチーム：イベントを企画する際の他の余暇活動施設や学校との調整
- ● ヤング・アダルト：子育てに関する企画を開催
- ● 若者運営会議：施設の運営を司る、利用者（若者）により構成される理事会

　このようにしてシャールホルメン若者の家は、若者と職員が設立時に互いに手を組んだだけでなく、その後も若者にとって居心地のいい場所となるように、若者が自らの手によって施設の活動や運営までも担うようになった。これがシャールホルメン若者の家が「若者の社会参画の好事例」と評される理由である。

✦ 若者の「やりたいこと」を聴いて実現する方法

　スウェーデンのユースセンターに特徴的になのは、施設におけるあらゆる活動をできるだけ若者主導とするように徹底している点である。多くのユースセンターには、利用者である若者から構成される「若者運営会議」が設置されている。1か月に一度の定期的な会議で、予算や企画、設備、外部企画などあらゆることを、若者が話し合って決める。施設の若者に関するすべてのことの意思決定を行なうのだ。

　施設に来る若者であれば若者運営会議のメンバーになることができる。ただし誰でもなれるわけではなく、選挙で信任されないといけない。当時のシャールホルメン若者の家の若者運営会議は、若者5人から構成されていた。会議ではボードゲームやテレビゲーム、イベント開催などの諸々のスケジュールを決定するだけでなく、外部からのイベントのお誘いなどの案件について職員から報告を受けたりもする。

　また、前述したグループへの予算配分の決定をする場も若者運営会議である。シャールホルメン区から割り当てられている予算の全体を把握している職員と協議しながら、どのグループにどのくらい予算を割り振ればよいかを検討する。予算全体の資金調達を専門としている職員は、若者運営会議での審議を受けて、自治体や企業などに助成金を申請する場合もある。ある企画には、約300万円の助成金を付けることができたという。若者運営会議でもし良い企画案が出たら、すべての企画を書き出して、やりたいかどうか、やりたい人がいるかどうかを話し合う。もし誰も賛成しなかったら企画案は保留しておき、会議以外の場でメンバーが施設に来る若者にやってみたいかを聞き続け、開催の可能性を探る。もちろん職員も同様に若者と関わる中で「こんな企画があるけどやらないか？」と施設に来る若者に聞く任務を担う。

イベントなどの企画案について議論の余地があり、すぐに決めることができなかったときは、後日確実に若者にフィードバックをすることが職員の大切な仕事になっている。予算の関係でできなくなったとしても、どのような理由で予算を充てることができなかったかを若者に確実に伝えることが大事だとスサーナさんは言う。なぜなら、せっかく企画を出したのに放っておかれたら、若者は「声を聴いてもらえていない」と感じ、「職員は聴くふりをしているだけだ」と思ってしまうからだ。フィードバックを随時行ないつつ、企画実現が困難なときに職員は代替案を示すこともある。

　そのほか、日誌を用いた試みもある。職員同士の日誌で、仕事の情報共有を図るだけでなく、若者から出されたやりたいこととその企画案の進捗状況を記述する専用の枠が作ってあるのだ。図4−1は企画案の進捗状況を記す日誌の一部である。左列はどんなアイデアが出たのか、中列は誰が提案したのか、右列は締め切り期限が別れており、上から5段は現在進行中の企画、中段はこれから始まる企画、下2段は議論の余地があったり、あるいは中止された企画を示す。もともとは構造化された形式ではなかったが、あるときからこのように確実に「見える化」したという。

What?	Who?(Who on the staff, the / a youth / s	Deadline?
Dance taster for younger		On September 16
Fifa Tournament		On September 25
Be open to any girl in the evenings		
Sell toast in the cafe	Wednesday girls have begun to make toast that can be bought. We also bought a sandwich maker to the test so you can buy focaccia.	
More movie nights	We showed the UFC on big screen. Please come with suggestions for more movies you want see!	
Criticism of painting Bob Marley on the wall -not good role model because. Drugs	We appreciate the comments and opinions. It was young people who attended the workshop as their choice motives. The next workshop is the opportunity to take part in deciding what should be painted on the next place.	
Replace the floor	Very expensive, there is no money for it, unfortunately at this time.	
POSITIVE FEEDBACK:		
Good with lighting in the cafe and on the info wall		
Guys have got to be involved in the dance and got to use the dance hall on his own.		
to be recognized and organized football tournaments and spontaneously organized occasions where young people could participate and play by themselves		
Football tournament		On September 23
Basketball	was canceled because of broken baskets	September 29

図4−1　シャールホルメン若者の家の職員日誌（スウェーデン語を両角が英訳）

3

余暇活動が社会参画につながるとき
〜スウェーデンのユースワークの真髄〜

✛ スウェーデンのユースワークのエッセンス「OLA」とは

　なぜここまで徹底して「若者のやりたいことの実現」にこだわるのだろうか。スウェーデンの余暇活動の領域においては、これまでさまざま方法が開発されてきた。その中で現在主流となっているのは「OLA（Open Leisure Activity）」というスウェーデンで1940年代に開発された手法であり、スウェーデンのユースワークの基本的な考え方である。Lindström（2012）[注]やスウェーデン訪問時のインタビューから、OLAの特徴をまとめると以下の3つを挙げることができる。

　まず1つ目が、「開放性」である。ユースセンターを「開かれた場所」にするという意味である。スウェーデンのユースセンターは、若者は利用料がかからず、活動や講座なども無料で参加できるものがほとんどである。日本では施設利用時に発行や提示が求められることが多い「会員登録」や「利用者証」なども、ほとんど存在しない。かつてのスウェーデンのユースセンターの利用には「会員登録」が必要であった。しかし、路上にたむろする若者にもユースセンターに来てもらうためには工夫が必要だった。そこでOLAの考え方に基づいて、会員証の撤廃や利用料の無償化をして、訪問の障壁を下げた。もちろん、性別、国籍、ジェンダー、居住地、障害などに関係なく、あらゆる多様性を持った若者にとっ

Lindström, L.、The story of the youth club. International Journal of Humanities and Social Science、2（6）、p32-39、2012

て開かれているという意味での「開放性」もまたここでは重視されている。

　２つ目が「無目的性」である。全国のユースセンターのネットワーク組織である、全国セツルメント連合（Fritidsforum）の職員であるフレドリック・テランデルさんによるとOLAでは、「音楽などの特定の活動をしたい若者の支援よりも、とくにしたいことがない若者がくつろいでいられることが重視される」という。彼はこれをユースセンターの間取りに例えながら、以下のように説明した（図4-2）。

　ユースセンターには、音楽スタジオやダンスルーム、キッチンなどの部屋があるが、それらの部屋は「何かの活動をする」という目的を持った若者によって利用される。活動のために使われる部屋の手前には、ソファやテーブルが置いてあり、ビデオゲームができてフィーカができるカフェ空間がある。その空間は、とくにやりたい活動があるわけでもない若者がただ「いる」ことができる「無目的性が許容された空間・場所」である。何もしなくていい場所にいる若者に対してOLAを心得た余暇リーダーは、声をかけて雑談をして、若者と関わる。活動に誘うこともあるが、活動への参画を強要することはない。たむろしてい

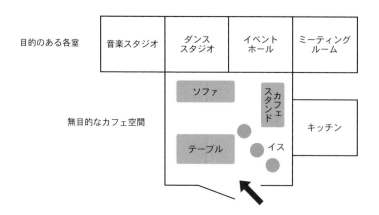

図4-2　フレドリックさんの描いたユースセンターの間取りとOLAの関係。
各室の前の無目的にただ「いる」ことができるカフェ空間こそが
ユースセンターの「心臓」であるという。

るだけでもいい。なぜならOLAのもっとも重要なポイントは、若者を就業につなげることでも学校の成績を上げることでもなく、「若者が良い余暇を過ごせるように支援すること」だからである。1950年代にユースセンターがスウェーデンの各地に設立された頃、若者は社会から問題として捉えられる傾向にあり、当時の若者は余暇の時間に何もすることがなく街中をうろついていた。そういう若者の居場所となるためにできたのがユースセンターであるからこそ、若者がより良い余暇の時間を過ごせるように支援することがOLAの真髄となったのだ。

　そして3つ目の特徴は、活動の内容や方法の「自由性」である。OLAは、若者自身がやりたいことを支援するという、プロジェクト支援型のユースワークのアプローチを重視する。それは、職員が準備・企画し、提供するような活動に参加してもらう「招待型」ではない。若者自身が自分で活動を企画して実施し、職員はその実現に伴走するという関わり方をする。活動のコンテンツと、その実現の方法も若者が自由に決めることができるので、若者の高い自主性を伴う。プロジェクトの企画、準備、実施、評価などのあらゆる場面で若者の意思決定を促すが、若者ができないことや大人が動いた方が良い場面では職員が秘書のように事務的な作業や外部との交渉をしたりすることもある。
　若者の自由度の高いユースセンターでは若者運営会議が設置されているが、これもOLA的なアプローチのひとつと言えるだろう。参画している若者が利用者の若者から声を聴いたり、自身が代表して施設の運営について意見表明をし

シャールホルメン若者の家のロビーはカフェ空間

て、施設の運営方針を自分たちで決める。そこでは余暇リーダーは、議事の記録を残したりスケジュールを確認したりと、これまた秘書のように若者と関わる。若者運営会議と並行して定期的に利用者の声を聴く場を持つ施設もあるが、ウプサラ市のユースセンターの「若者の家」（第6章3節参照）はその中でも珍しい運営形態を取っている。このユースセンターは、若者だけで構成される若者団体が施設を所有しており、職員としての余暇リーダーはそもそも働いていない。つまり、大人がいっさい関わらずに、施設運営のほとんどすべてを若者が決めている。このユースセンターのモットーである「若者による若者ための若者の家」を文字通りに体現したユースセンターであり、これもまたOLAが目指すひとつのユースワークのあり方と言っても過言ではないだろう。

✛「荷が重すぎるからやりたくない」若者が社会参画するとき

　スウェーデンの若者の余暇活動の現場ではとくに若者の主体性が大事にされる。しかしその重要性をわかってはいても、若者のやる気を引き出して、高い主体性を保ったまま参画を促すことは容易ではない。若者の関心や意欲は移ろいやすく、ちょっとしたことでやる気がなくなったりする。「負担」もまたやる気をなくさせる原因のひとつだ。前述した、シャールホルメン若者の家の職員スサーナさんに、若者の主体性についても聞いてみた。

　——日本の中学生に「学校の校則や予算を自分たちで決めたいか」という質問をすると、「それは荷が重すぎるからやりたくない」と言われます。どうすれば参画の意欲を高めることができますか？

　「カザム（KASAM）」という理論があります。これは「何かの一部であると感じる」ことの効果についての理論です。社会や何らかの一員であると感じられるならば、決定への参画も心地良く感じるという理論です。さらには成長につれ、より安定した人格になるということもわかっています。
　つまり、自分たちが何かの一員であるという感覚をどのように与えられるかが大事になります。いきなり「校長先生を選びたいか」と聞くのは生徒に

とって唐突すぎます。小さな経験を積み重ねていなければ、自分たちにもできると信じられないでしょう。生徒たちは「これは自分のやることではない」「こんなことはできない」「大変すぎる」ということになります。

　しかし、もっと小さな一歩から始めれば変わっていきます。小さな一歩から始めると、例えばまず学校の一員だと感じることができるようになります。「ここに座りなさい」「これをしなさい」ではなく、「学校は自分を必要としている」「私も学校を必要としている」と感じることができるようになるでしょう。そのうえで、校長の選考に加わりたいかと問われれば、もちろん「そうしたい」と答えるでしょう。これはどんなプロジェクトでも同じことが言えます。大切なことは、小さな一歩から始めるということです。

　ですので、もし若者が間違ったことをしたとしても、あまり厳しく当たらないでほしいです。厳しくしすぎれば、若者は後ずさりします。若者には時間を与え、まずは小さな一歩を踏み出したことを評価してください。そうすれば校長先生を選ぶに留まらず、いつか自らが校長となる若者も現れることでしょう。

　スサーナさんの回答で印象的なのは、「小さな一歩から始める」ということと、「何かの一部であると感じられる」という説明だ。「社会参画」という言葉は、意識が高い若者による活動のイメージがつきまとうが、スサーナさんのこれらの言葉から、社会参画というのはもっと身近な事柄への意思決定のことを指していることがわかる。そして意思決定までいかなくとも、若者と対等に接して、様子を察し、声を受け止めることで、若者は「一部と感じる」ことができるようになり、この積み重ねが関わる大人や職員、そして社会との信頼を築き上げる土壌を育むということなのであろう。

　そしてこの「一部と感じることができる」「小さな一歩」は、その先に広がりを持つ。スウェーデン若者・市民社会庁は、身近で小規模な活動に参画することの意義をテーマレポート「FOKUS 10」（第5章コラム6参照）でこう位置付けている。

　「身近な状況での小規模な活動への参画をすることで、連鎖反応的に他の活

動への参画につながる傾向があると示されている。このような意味においては、OLAは、それ自体に価値がある、民主主義の訓練のためのプラットフォームを提供し、さまざまな状況での民主的な参画のための機会を増やすことになるだろう」

　最初の活動がどんなに小規模であれ、何かの一部であることを感じながら、民主的な意思決定を積み重ねれば、その他の活動にも連鎖反応的に社会参画につながるというわけである。そんなスウェーデンの若者政策の願いがここに込められている。

　なお、KASAMとは「Känsla av Sammanhang」の略であり、英語では「Sense of Coherence（SOC）」、日本語では「首尾一貫感覚」という「自分の生きている世界は首尾一貫している」という感覚である。1970年代から1980年代にかけて、ユダヤ系アメリカ人の健康社会学者アーロン・アントノフスキー博士によって健康生成論（salutogenesis）を基盤にして提唱された。首尾一貫感覚は、「だいたいわかった」という把握可能感（Comprehensibility）、「なんとかなる」という処理可能感（Manageability）、そして「どんなことにも意味がある」という有意味感（Meaningfulness）の3つの概念に支えられ、「小さな一歩から始める」ことも「何かの一部であると感じること」そして、「民主主義への参画」もこれらの3つの概念に関係するものであることがわかる。

　日本ではバンド、ダンス、スケートボード、ファッションショー、ゲーム大会などの余暇活動に対して「教育的な意味」が過度に期待されることがある。そういった教育的には「無駄」とも思える若者の活動に対して、スウェーデン若者・市民社会庁も、ユースワークの現場のスサーナさんも「価値があること」だと言い切る。それは、そのような活動が将来的に他の機会の参画につながるのみならず、そもそも余暇活動や若者団体の活動を「社会参画」とみなし、それ自体に価値を見出しているからなのであろう。

4

郊外の移民の街のユースセンター

⊕ 飛び込んでみた課題地域のユースワーク現場

　スウェーデンにおける国内の課題のひとつに、移民の若者の社会参画がある。移民が多く住む地区と、多くの白人系、いわゆる「スウェーデン人」の居住区域の隔離化が大都市部で目立っている。隔離が著しいこのような地域は、スウェーデンのみならずヨーロッパの都市部においては少なくない。

　ストックホルム市テンスタ区（Tensta）もまたそのような郊外の街だ。2018年の統計によると、外国の背景を持つ住民の割合は88.3%であり、ストックホルム市全体平均の33.3%と大きく差が出ている。また失業率は7.5%強で（ストックホルム全体平均は2.5%強）、選挙投票率も57.7%（ストックホルム全体平均83.5%）となっている。スウェーデンのあるメディアで「スウェーデン中でもっとも住民自身が危険だと感じている地域である」と報道された地域でもある。ここは、1960年代から70年代に入ってきた大量の移民に向けて、低家賃で利用できる住宅を大量に設置することを目的に断行された住宅政策「ミリオン・プログラム（Miljonprogrammet）」で都市開発された地区である。それゆえ、建物も年季の入ったものが多く、無機質なビル群が独特な雰囲気で街を包み込む。

　このテンスタ地区にあるユースセンターでも、私はインターンシップをしたことがある。スウェーデンの若者支援の実態を知りたいと考えていた私は、当時、借り暮らしをしていたストックホルム市南部のグルマーシュプラン区（Gullmarsplan）の住まいの大家を通じて、ストックホルム市の若者の文化・余暇活動部門の担当職員を紹介してもらった。職員とフィーカをし、テンスタ区やこの地域のユースワークについていろいろ教えてもらった。その中で紹介し

てもらったのは「ブルーハウス（Blå Huset）」（スウェーデン語では「ブローフーセット」と発音）という名前のユースセンターだった。数日後にインターンシップが始まった。

　ブルーハウスは、「青い家」を意味する。この地区の13歳から20歳が対象のユースセンターだ。Stockholms StadsmissionというNGOが運営しており、施設の中は、自由にたむろしたり何かしらの余暇活動ができるスペースである「カフェMafe」と「テンスタ・ボクシングクラブ」の2つに別れる。カフェMafeでは、コーヒーやサンドイッチ、ホットドッグやトースト、缶ジュースなどを安価で販売している。テンスタ・ボクシングクラブはワールドタイトルを取ったボクサーも所属するほどの名門だ。他にも、インターネットのできるPC室、ビリヤードや卓球台のあるスペース、ダンスルーム、音楽スタジオ、ジムがある。2階には市が運営する文化学校も併設されており、6歳から22歳までの子ども・若者が利用できる。文化学校には演劇やダンスなどの講習や練習ができる大きなホールが設置されている。

　ブルーハウスの目標は、「誰しもがなりたい自分になれる機会を提供すること」だ。職員は通常1日3〜4人が配置される。学期が始まると利用者も増えるので、職員の数も増やす。職員はそれぞれの部屋の鍵を管理しており、若者が何かしたいときに職員に声をかけて、必要な部屋と道具を貸し出す。夏休み期間にはブルーハウス主催のサマーキャンプも実施している。夏休み期間に一度も遠出ができないなど、家庭の事情がある子ども・若者がこの地域には多いのだ。「ユニアーツ」というプログラムでは、テンスタ出身のアーティストを招い

テンスタ駅

ミリオン・プログラムで開発されたテンスタ地域

て、ダンスや演劇、バンドやDJの講座やレッスンを無料で受けることができる。プロのアーティストによる公開オーディションTV番組を真似したパフォーマンスコンペでは、テンスタ区の地元のアーティストと若者が出会う機会にもなっている。

　インターンシップの初日には、ここに来ている若者がこれまで私が接してきた若者とあまりにも違いすぎて圧倒されてしまった。夏だったので人数こそあまり多くはなかったが、初めてやって来た日本人に対して、お手並み拝見と言わんばかりに突っかかってくる。ほとんどが中東・アフリカ系の移民の若者だ。「大麻ほしいか？」とからかってくる者もいれば、自転車で施設内を乗り回す者もいた。じゃれ合いが激化して今にも喧嘩しそうな若者もいて、私は常勤のスタッフにヘルプを求めるしかしようがなかった。フリースタイルラップをふっかけてきた若者もいて、舐められるわけにはいかないので「俺は東京生まれヒップホップ育ち！」とDragon Ashの日本語のラップをやけになって披露したところ、ラップを教えてくれないかと逆オファーを受けたことは今ではいい思い出である。

　その日はたまたま金曜日ということもあり、地域のソーシャルワーカーとバイトで雇われた若者で構成される「テンスタの安全（Trygg i Tensta）」といわれる夜回り隊とのミーティングがあった。夜回りは、そろいのジャケットを着て街に出る。若者と協力して行なわれるこの取り組みは、警察が情報提供したこの1週間で起こった事件や事故の情報を共有し、重点的に見回るエリアを確認

ブルーハウス外観

カフェMafe

する。スウェーデン語が早すぎてついていけなかったので、ミーティング後に
どんなことを話していたのか聞いてみると、「今日は大した情報はなかったけれ
ど、バスの運転手への脅しと幼稚園の放火があったらしいから、今夜はその辺
りを見回る」と返事があり、耳を疑った。その後、別の同僚からはこのような警
告があった。「このあたりは危険だから終業後は必ず2人1組で帰ること。何か
あったときにはすぐに同僚に助けを求めるようにしてね」。この地域の「危険度」
がどれだけ高いかを思い知らされた瞬間であった。

　インターンシップ初日の業務後、上司がスタッフルームに私を呼び出した。
これからインターンシップを行なううえで伝えなければいけないことがあると
言うのだ。このユースセンターはStockholms Stadmissionというホームレス支
援などの事業を中心とするNGOが前年の冬に、民間委託を受けたばかりである
という。それまではストックホルム市テンスタ区の行政が運営を担っていたの
だが、外部委託になった。それはある事件がきっかけだという。

　外部委託が決定する半年前に、職員と施設に来ていた若者との間で小競り合
いがあった。職員は後日、その若者から「家族を殺害する」と脅迫を受ける。さ
らにその日の晩には車がブルーハウスの裏口に突っ込み、施設が半焼した。裏
口に突っ込んだのは、裏口のすぐ脇に職員室が設置されていたからだ。この事
件を受けて、市は職員の総入れ替えをせざるを得ない状況に陥り、競争入札に
かけられ、今のNGOが引き継ぐことになった。それゆえ職員も働き始めたばか
りであるし、地域の若者とも新しく関係をつくり始めている段階だということ
とだ。

ビリヤードスペース

ボクシングジム

　「これらの事実を踏まえて本当に働きたいなら明日も来なさい」と最後に上司は私に告げた。インターン初日にこのような話をされた私は、日中の想像以上に騒がしい現場の様子にも面食らい、その晩一睡もできなかった。一晩中悩んで「ユースワーカーとしての覚悟」を決めて、次の日に出勤するとしたものの、足取りは重く、途中で何度も足が止まった。「いや、これはようやく得たスウェーデンのユースワークの実態を知れるチャンスだ！」と自分を奮い立たせ、ブルーハウスのドアを開け、インターンシップの2日目が始まった。そんな覚悟とは裏腹に、その日は穏やかな日でとくに目立ったことも起きなかった。それからは短期間ではあったが騒々しくも、活気溢れるユースセンターで若者と関わる日々が続いた。スウェーデン語も未熟で、英語のコミュニケーション能力も決して高くはなかった当時の私を受け入れてくれたことに心から感謝している。

🔹 非行の温床ともなり得るユースセンターがそれでも必要な理由

　コラム5は、インターンシップのある日の様子を記したものである（当時の筆者の手記の一部より）。スウェーデンの移民が多く住む郊外のユースセンターの「日常」が少しイメージいただけるだろうか。

　若者の日常は常に非行と隣り合わせの環境である。もちろん、ここで紹介しているユースセンターはスウェーデンの中でも極めて特殊な状況であることは確かだ。しかし、そもそもスウェーデンのユースセンターの歴史に照らせば、ユースセンターから若者の「非行」は切っても切れない。スウェーデンのユースセンターは、もともとは思春期にエネルギーが有り余っている若者たちのために「何か新しいことに打ち込める機会」を提供する「集いの場」として導入された（第5章3節参照）。1970年代のユースセンターでは、施設内での若者の飲酒などによる問題で活動の質の低下が目立った。当時、ユースセンターに若者を留めておくことは、社会的な問題を防止する役割を持つとみなされていた。その後、80年代には若者に施設の運営に参画してもらうことで自治の機能を高め、非行予防という色は薄まった。インターン中の同僚は「ここはユースセンターだが、若者の犯罪の温床となることもある」と正直な意見を聞かせてくれた。

「ブルーハウス」
インターンシップ手記（2012年8月）

★17：30出勤。片道1時間をかけて ストックホルム市内から地下鉄で 向かう。テンスタ駅には白人系 スウェーデン人が見当たらない。

★同僚のショービンにチェックイン （出勤時の点呼での連絡事項）の まとめを英語で聞く。施設の鍵は 絶対に若者に渡さないように注意 される。施設内の片付けを手伝う。

★フィーカ中に若者と話す。日本語 を少し話せる若者だった。

★PC室で流行りの激辛「HARAKIRI ホットドッグ」の話で盛り上がる。 飲食禁止のこの部屋で飲食して いる若者がいた。

★利用者のスーベルが消化器で遊ん でいたので注意する。

★施設内でキックボードを乗り回す 若者がいた。

★ビリヤード中に若者から自分の拙 いスウェーデン語をからかわれる。

★2階の文化学校でダンスを鑑賞。 自分も何か始めたいと思った。同 僚にも勧められ、職員が何かし ら楽しんでいることは良いと言 われる。

★この地域で話される「リンケビー・ スウェーデン語」を学ぶ。Vad händer?（What's up?）Shoo bre!

（Hey brother!）など、アラビア語の 発音がスウェーデン語に混ざった 独特の言葉。この地域のある種の アイデンティティになっているよ うで、これを話すだけで若者との 距離がぐっと近くなる。

★トーストは6SEK（約90円）で 販売。チーズを入れて、焼き具 合をみる。ピローグ（ミニホット ドッグ）は11SEK。レンジで1分 温めてドレッシングをかける。

★若者同士のじゃれ合いを2回見 かける。同僚のアルカンとイブ の仲裁が見事で感心する。

★20：00 「テンスタの安全」にア ルカンと参加する。先日、学校に 泥棒が入ったと警察からメール が来たので、周辺を重点的に警 備することになった。見守りを する職員と若者には逮捕の権利 はない。しかし、地域の人からは 参加する若者は尊敬の眼差しで 見られる。アルカンもかつて若 者として参加していた。有償に はなるが、給料といえるほど高 くはないという。

★夕飯用にケバブを買いに行く。こ の地域のケバブは安くてうまい！

★ダンスをしていたという女の子と

知り合う。9月下旬にダンスの
ショーがあるとのこと。
- ★子どもがショッピングセンター
  で迷子になっていたのでアルカ
  ンが携帯を貸す。見つかる。
- ★利用者の若者ファーリッドが1人
  で来たので卓球に誘う。3セット。
  マッチポイントがずっと続く。2勝
  1敗終了。
- ★ビリヤードをしていた若者と話す。
  スウェーデン語が少ししか話せな
  いと言うと英語で話してくれた。
- ★初めて会った若者とビリヤード。
  ゴッドランドの大学に通っている
  とのこと。勝つ。
- ★皿洗い。
- ★23:00　チェックアウト

＜気付き・感じたこと＞
- ☆冗談を話しているときはあえて
  「英語」で話すようにしたい。中
  途半端にスウェーデン語を話すか
  らからかわれる。昨日の反省を活
  かして今日はできるだけやってみ
  たが、スウェーデン語を少ししか
  話せないことは初めて会った人に
  は言うようにする。
- ☆自分が楽しめるようにする。
- ☆スウェーデン語が話せない、アジ
  ア人だからなどの理由でからかっ
  てくる若者がいるが、その場合、
  不快に感じたらその場を離れるか、

やめるように言う。なあなあにし
たら、まわりの若者もそれをまね
るようになってしまう。
- ☆下手に出る必要はない。むしろス
  ウェーデン語ではなくとも英語で
  堂々と話すべき。作り笑いでやり
  過ごさない。
- ☆我慢するのは自分が傷付かないた
  め。その方が楽だから。けれど、
  それは若者のために良いことだ
  ろうか。他者のためになっている
  のか、ということに敏感にならな
  ければいけない。自分も同じ若者
  であり、人であり、対等な立場だ
  ということを自覚して向き合う。
- ☆アジア人だとからかわれたら、ア
  ジア人の友達はいないの？　テン
  スタはスウェーデンで一番国際的
  な街だと聞いたけど？　と返す。
- ☆その国のことを理解するためには、
  言葉を学ぶことが大事。
- ☆職員のうち、もともと利用者だっ
  た若者が来ていたが、「ロールモ
  デル」になっているようには見え
  なかった。

5

若者の余暇の保障と意思決定の尊重

◆ ユースセンターの利用率は若者の２割
　～スウェーデンのユースワークの課題～

　ここまで読み進めると、スウェーデンの若者の余暇の時間に必要なユースセンターという拠点が用意され、圧倒的な資源や地域からの信頼によって支えられており、そこで若者は自分の声が聴かれ、自由に活動ができ、多様な人と出会い、社会や大人への信頼を育む場となっていることがわかる。

　しかし、多くの課題も指摘されている。大多数のスウェーデンの若者が実際にはユースセンターをはじめとする余暇活動施設を利用していないというデータがある。スウェーデンの16歳から25歳の若者の78％が一度も余暇活動施設を利用したことがなく、最低でも月に一度の施設を利用しているのは11％の若者しかいないというのである。ただし、十分な教育を受けておらず、失業中だったり、病気の親を持つ若者は施設を利用する率が高くなっている。

　また、7割の若者が所属するという若者団体の組織数も減少傾向にある。これは個人主義やスマートフォンやインターネットの普及に伴い、SNSの利用度が高まっていることなどが原因にあげられている。そして、余暇活動施設における若者の活動も、活動の計画、企画立案の段階からの参画が十分にできていないために、主体性が発揮されていないという課題も指摘されている。さらに最近は若者の余暇活動も、新たに何か新しい企画を始めるよりも、既存の企画やプログラムに一人ひとりの影響を与えられようにするアプローチへと変化しているという。

　とはいえ、スウェーデンの若者の余暇政策にはふんだんに資源が投入されて

いる事実には変わりはない。それは、スウェーデンの若者政策が、若者を問題ではなく社会の「資源」とみなして、若者の社会への影響力を高めることを目的にしているからである。若者団体に直接助成金を交付するだけでなく、余暇リーダーの資格を整備し、社会的地位を保障しているのは、それによって若者に余暇の時間と空間の提供を確実にし、それが社会的に価値があるものであると認識されているからである。スウェーデンでは若者政策によって余暇リーダーが位置付けられているが、スウェーデンも加盟国であるEU（ヨーロッパ連合）の若者政策の方針でも同様に、ユースワークが若者政策の主要な担い手として位置付けられている。

✚ ヨーロッパの若者政策と揺れるユースワーク

　EUや欧州評議会（Council of Europe）はそれぞれに独自の若者政策を打ち出し、互いに関連を持ちながら重層的に政策の基盤を強固にし、ヨーロッパの若者の生活状況の向上に努めている。近年の汎ヨーロッパ規模の若者政策は若者に関わる活動の総称として「ユースワーク（Youth Work）」という用語のもと、まとまりを見せ始めている。

　ユースワークの起源は19世紀の産業革命を経たイギリスといわれており、近代社会の発達の中で変容する若者のニーズに応える形で、YMCAやYWCA、ボーイズ・ブリゲード、ボーイスカウトやガールガイド、セツルメント運動などを中心にして各地へ広がった。

　ヨーロッパでは、2001年の欧州若者白書がEUレベルの若者政策の布石となったが、続いて2009年に発行された、「青少年分野における欧州の協力ついての新たな枠組み（2010-2018）」において、ユースワークがヨーロッパ圏における若者政策において主体となることが明言された。そこでは、ユースワークは以下のように定義された。

　「ユースワークとは、若者による、若者と共に行なわれる、若者のための、社会的・文化的・教育的もしくは政治的な性質を持つ、広範囲の活動を指す広義の言葉。ユースワークは、特定の余暇活動ならびに「学校外」教育の分野に属し、専門職あるいはボランティアのユースワーカーやユースリーダーらによって運

営され、ノンフォーマルな学習過程と自発的な参加に基づいている」

　その後、欧州ユースワーク大会が第1回、第2回大会をそれぞれ2010年と2015年にベルギーにて、そして第3回大会がドイツのボンにおいて開催された。大会は、ヨーロッパ全域から400人以上の各国のユースワーカーや研究者、そして若者を招いて、ヨーロッパにおけるユースワークの概念の整理や、直面する課題について共有を行なってきた。

　ユースワークという言葉を手掛かりに、ヨーロッパレベルでこのような大会を開いていることの理由のひとつに、ある国ではユースワークが緊縮財政の犠牲となり、学校教育や就労支援や非行防止などの文脈に回収されてしまい、本来の「ユースワーク」の基盤を失いかけている現状があるからだ。この一連の議論は、20世紀後半のイギリスにおけるユースワークの変遷と対応している。もともと「ユニバーサル（普遍的）・アプローチ」と称される「楽しみと挑戦そして学習が結びついたインフォーマルな教育」に基盤を置いていたイギリスのユースワークも、1960〜70年代以降、若年世代の非行や犯罪の増加、失業率などの高まりなどの若者の変化に対応する役割が期待された。

　イギリスのサッチャー政権時代にはユースワーク部門（ユースサービス）への財政カットが行なわれ、財政状況が苦しくなる中、若者の失業問題への対応をユースワークが迫られ、特別なニーズを抱えた若者に重点を置く「ターゲット・アプローチ」に向かうようになった。1990年代以降、ブレア政権下においては社会排除部局による社会的包摂策政策において、ユースワークは再び脚光を浴びたが、そこで課された役割は若年層の失業問題の解決などの社会課題解決に特化され、やはり「ターゲット・アプローチ」としてのユースワークであった。ここで起きたことは、まさに政治や社会情勢の中で迫られたユースワークの変容である。

　緊縮財政の影響下で予算削減の波を受けたイギリスのユースワーク業界では2009年4月から In Defense of Youth Work というキャンペーンが始まった。このキャンペーンは、「事前に支援対象者とそのアウトカムを限定するアプローチ」ではなく、本来的な「若者との主体的な関係性と若者発の事柄を基盤にした教育実践」を守り普及することを目的として広がった。同様の指摘は、第2回欧

州ユースワーク大会宣言（2015年）でもなされており、ユースワークの「アウトカム」を特定して計測するべきという圧力がかかっていることに懸念を示し、大会宣言文において「アウトカムや影響の計測が重視されるべきではあるが、ユースワークは若者の過程とニーズに集中すべきであり、アウトカムは報告されるもので、導き出すものではない」と釘を刺している。

💠 余暇でアプローチするスウェーデンのユースワーク

　そのような中、オーストリア、オランダ、ノルウェーなどではユースワーク業界への緊縮財政の影響が小さいとされ、普遍的権利に根ざしてユニバーサル・アプローチを展開するフィンランドの「北欧モデル」が、ターゲット・アプローチ化するイギリスのユースワークと対比されるなどしている。「北欧モデル」の見聞を深めようと私が選んだのはスウェーデンである。北欧のユニバーサルなユースワークをスウェーデンの取り組みを通して知りたいというのが、私が初めてスウェーデンに留学をしたときの志であったが、ここまでに紹介した事例からわかるように、その実際は想像以上に複雑であった。

　スウェーデン国内のユースワークでもユニバーサル⇔ターゲットを軸にした分類は可能であるが、その様相は一筋縄ではいかない。例えば「ブルーハウス」がターゲット・アプローチであるのは地域の若者や大人のニーズを反映した結果であって、地域の特性によって決定付けられているといえる。また若者運営

ブルーハウスのミーティングルーム

ダンスルーム

会議が設置されており、若者のやりたいことの実現を重視する「シャールホルメン若者の家」も、利用者は移民の若者が多いことや、施設で展開するさまざまなプログラムの中に特別のニーズを持った若者支援に取り組むものもあり、ターゲット・アプローチを取っていないとも言い切れない。そもそも近年は、ユースセンターの利用者は、移民の若者が多い傾向にある。出所後の若者の自助グループ「ウンガ・クリス」(本章インタビュー3参照)においては、出所者の社会復帰の相互支援をするソーシャルワークでありながら、そこで取られている方法はユニバーサルなアプローチである「OLA」の手法そのものである。このようにスウェーデンのユースワークが、ユニバーサルなのにターゲット、ターゲットなのにユニバーサルであり、互いを抱擁する関係にあるのは、そもそもユースワーク自体がそのような複雑性と柔軟性を兼ね備えているノンフォーマルな実践であるという性質、若者のニーズを起点とすること、そしてスウェーデンのユースワークの特徴が影響しているといえるだろう。

　そのスウェーデンのユースワークの特徴とは、民主的なプロセスに基づく社会参画を意識している点である。そのことは、余暇リーダーが資格取得の際、フェレーニング(協会・団体)の運営の支援についても学んでいるという事実からも明らかである。若者をユースセンターに留めておかず、若者のグループづくりをバックアップし、社会で活動できるように促すのである。ユースセンターと若者団体がシームレスな関係にあるのは、スウェーデンのユースワークが若者団体を民主主義社会における主要なチャンネルと位置付け、その活動が

ブルーハウスのロビー

スウェーデンの若者の余暇活動全体の基盤となると捉えているからである。それは、6〜7割割の若者が若者団体に所属している事実、多くの大人が今でもスタディサークルで余暇活動をしていること（第5章インタビュー5参照）、そして、ユースセンターがそもそもセツルメントや民衆運動の中で生まれたという背景（第5章3節参照）とも辻褄が合う。

　そしてこれらの活動が、学校とも就労とも異なる若者政策の領域である「余暇（fritid）」を前提にしていることこそがスウェーデンのユースワークの何よりの土台である。『レジャー社会学』を著したフランスの余暇社会学者である J.デュマズディエによると、余暇（leisure）とは、義務的な就労や教育からの解放であり、それ自体が自己充足的であり、無目的が許容されるものであるとしている。つまり、目的合理的な行動様式とは相容れ難いのだ。高校生が大学進学のためにボランティアすることや、金銭で動員された選挙キャンペーンや行事なども、余暇の時間で起きていたとしても、それ自体が自己充足的でなく、義務や目的、実利性を伴う限り「余暇」とは言い難いとされている。

　余暇とは「自由な選択の結果生じるもの」であって「自分の充足それ自体を目的として追求される」ので、そこで起きる選択や行動は、結果的に主体性が高くなるというロジックが働く。もちろん「主体的に何かをしなければいけない」というわけでもない。友人や職員とダベりに来るだけでもいいし、とくに用事がなくてソファでダラダラしているだけでもいい。もちろん結果的に、若者団体の活動が始まったり、仕事や就職につながることもあるだろうが、あくまでもそれは第一義的な目的ではなく、スキルの獲得や自信の向上は結果に過ぎない。

カフェ Mafe

だからユースワーカーも、さまざまな活動のチャンスを示しつつも、最後は若者本人の意思決定を尊重する。

　若者の余暇とは何か―。この問いの飽くなき追求と実践こそが、スウェーデンのユースワークの真髄であり、スウェーデンを「若者の国」たらしめている。

interview 2
インタビュー

語り手　マーティン・ドゥウォレン（インターナショナルコーディネーター）

若者の信頼に拠って立つ

ヨーロッパ最大級の ユースセンター、 フリースヒューセット

フリースヒューセット本部

ストックホルム市南部には、ヨーロッパ最大規模ともいわれるユースセンターがある。「フリースヒューセット（Fryshuset）」である。ここは毎年多くの視察者を受け入れており、これまで私自身、何度も訪問して日本からの視察者の通訳を務めてきた。いつも応対してくれるマーティンさんにインタビューを行なった。

より多くの若者に届けるために

マーティン　「フリースヒューセット」は、1984年にできました。もともとはここから数キロ離れたところにあった冷凍食品の倉庫が最初の拠点になっています。スウェーデン語で冷凍食品の倉庫のことを fryshuset（フリースヒューセット）と言うのですが、それがこのユースセンターの名前の由来です。1990年代に都市開発が進み、住宅街となり、1997年に現在の場所に引っ越しました。今は、全体で24,000平方キロメートルの敷地面積があります。

ストックホルムの南部に位置するハンマルビー港岸地域にフリースヒューセット本部があります。活動の約8割がここで生まれています。現在は、国内10か所に拠点を構えています。他の北欧の国でもフリースヒュー

120

★ フリースヒューセット　Fryshuset

【　運　営　】　ユースワーク活動を統合的に行なう国際的なNGO。

【　設　立　】　1984年。Y.M.C.Aの支援のもと、アンダーシュ・カルベリィが創設。
　　　　　　　　スタッフ総数は650人。2012年に独立。

【　特　徴　】　本部には、スケートボードパーク、アリーナなどを備え、東京ドー
　　　　　　　　ム半分ほどの敷地面積を持つ。スウェーデンでは珍しい学校併設型
　　　　　　　　のユースセンター。

【 主 な 活 動 】　（1）ユースカルチャー、（2）学校、（3）ソーシャルプロジェクト、
　　　　　　　　（4）就労・起業支援　の4部門

【 年 間 予 算 】　約40億円

セットと提携しているところがあり、国を問わずに世界中、常に連携先を探しています。今のところ、オランダ、ブラジル、ケニアなどの国からも連携のオファーが来ています。なぜそのようにしているかというと、フリースヒューセット自体の組織拡大のためではなくて、より多くの若者に自分たちの活動を届けるためです。私たちが扱っている問題というのは、決してスウェーデンだから起きていることではなく、世界各地で共通しています。

　フリースヒューセットが対象にするのは、すべての若者です。ただ、その中でもとくに絞り込んでいる層というのは「リスクゾーン」にある若者です。つまり、脆弱な環境にある若者です。自分の声が聴かれていない、自分に目が向けられていないと感じ、将来に対して肯定的な見方を持てない若者です。

職員はクレディブル・メッセンジャー

マーティン　フリースヒューセットの職員が大事にしていることのひとつに「社会には多様なバックグラウンドを持った人がいる」というのがあります。ここで働くうえで大事なのは「マインドセット」です。つまり、姿勢や心構えです。さまざまなバックグランドを持った若者がここへ来ます。若者が職員と出会ったときに、職員たちが「クレディブル・メッセンジャー（信頼できる伝達者）」であるということがもっとも求められます。クレディブル・メッセンジャーというのは、若者当事者の言葉で話

ができるということです。私たちは、学校を中退した若者やリストカットなどの自殺未遂の経験のある若者や移民が多く、問題とされている地域の若者も積極的に雇っています。なぜなら、当事者ではない人がその若者に働きかけようとしても言葉が響かないからです。ですから、同じ背景を持った人たちをあえて雇います。それが「クレディブル・メッセンジャー」です。「犯罪歴のある人や薬物中毒であった人は、若者のための場所で働けない」と思うかもしれません。でも、私たちはむしろ可能性があると思っています。なぜなら、犯罪や薬物中毒から抜け出すことができたロールモデルとなれるからです。「私がこうやって社会復帰できたのだから、あなたもきっとできる」といったメッセージを伝えられます。それがクレディブル・メッセンジャーの役割です。

若者に働きかける4つの柱

マーティン フリースヒューセットには4つの柱があります。

　1つ目の柱が「ユースカルチャー（Ungdomskultur）」部門です。かつては「Passionate Interest」と呼んでいた部門で、若者が興味や情熱を捧げられることができる「ユースカルチャー」に基づいた活動をする部門です。バンド練習、音楽制作、ライブ・イベント企画、ダンス、ボクシング、スケートボード、バスケットボール、ジムなど、ありとあらゆる若者の活動がフリースヒューセットでできます。ユースカルチャー部門はフリースヒューセットの基盤になっています。

　フリースヒューセットのミッションは、「若者のやりたいこととパッション（情熱）で世界を変えていく」です。ここに来る若者も最初はグレていたり、社会のことが好きではなかっ

フリースヒューセットのロビーの様子

たり、自分には打ち込める好きなものがないと思っていたり、斜に構えていたりします。しかし職員は、そんな若者でも、絶対に何かやりたいことや情熱を持っているはずだと思って接します。時間をかけて接していると、あるとき突然それが見つかることがあります。それがメタルロックバンドや野鳥観察だったりもします。とにかく何か好きなことを見つけることができると信じています。なぜなら私たち人間は誰しもそういった自分の、そして人それぞれの情熱を捧げられる何かを持っていると信じているからです。

　2つ目の柱が「学校」です。フリースヒューセットには日本でいうところの中学校と高校があり、12歳から19歳まで約1,500人が通っています。フリースヒューセットが運営している学校は私立の学校です。スウェーデンには私立の学校と公立の学校が半数ずつの割合であり、私立であってももちろん学費はかからず、公設民営で経営しています。同じように国の学習指導要領に沿っていて、テストや評価制度も同じです。入試の申請窓口も同じです。公立学校とは違って私立学校だからこそできることといえば、何かしらの特殊な試みをすることです。私たちがとくに力を入れているものはユースカルチャー活動です。例えば、ここに来ている生徒は、学習指導要領に基づいて自分の授業を組みますが、これに加えて自分の好きなユースカルチャー活動を選ぶことができます。ユースカルチャーの活動ができるというモチベーションは結果的に、学校の成績の向上につながっています。

　ある卒業生は、「ここに来て一番良かったのは、人として受け入れてもらえたこと」と話しました。「若者はみな同じと見られるのではなく、一人ひとりの違いを認めてくれたことが一番の経験でした」と言っていました。

バーチカルサイズのハーフパイプ

体育館

3つ目の柱が「ソーシャルプロジェクト」です。 ソーシャルワークに近く、脆弱な環境にあるさまざまな若者に働きかける活動をしています。3つの部門に分けており、「社会・民主主義」部門には9、「若者支援」部門には23、「社会復帰」部門には4、合計36のプロジェクトがあります。

　ソーシャルプロジェクトには「未来のロールモデル、未来への希望」というモットーがあります。ソーシャルプロジェクトでは「予防」と「社会復帰」の両方を行ないます。シングルマザーの子どもへの貧困から立ち上がる活動や女の子の声を聴き、届ける活動、警察と若者が協働して行なう夜回り活動、人種差別や白人至上主義を掲げるグループに所属した経験のある若者や犯罪を犯してしまった若者の社会復帰支援などがあります。

　4つ目の柱が、「就労・起業支援」です。就労支援では、労働市場に参入しづらい若者だけではなく、社会参画ができない若者も対象です。就労支援で大事にしているのが、とにかく最初の仕事を得るということです。これがないと履歴書の空白が埋まらないからです。起業支援というのは必ずしも会社の起業だけが対象ではありません。若者がやりたいことだったり、夢だったりを支援するという意味です。例えば、ディスコやナイトクラブなどのイベントを企画することも含みます。ユースカルチャーの活動で見つけた、自分が情熱を捧げられるようなものから始めればよいと思っています。それによって仕事を得る確率も高まるのではないかと考えています。

創設者の遺言「人を信じること」

マーティン　フリースヒューセットのほとんどの活動は若者主導で始まっています。若者は自分たちの問題に関し

多様な言語の本が置かれている学校図書館

夜回り活動「ルグナ・ガータン」のスタッフ
（撮影：宮代哲男）

ての専門家です。それはつまり、大人が「若者について話す（talking about young people）」のではなく、大人が「若者と共に話す（talking with young people）」ことを大事にしています。若者と一緒に話し合い、一緒に巻き込んでいく。つまり、出会った瞬間から一緒に参画していくということです。

ある女の子が「大人はいつも、『若者は未来を背負っている』と言うけれど、そんなことはない。私たちは未来のために生きているわけじゃない。今、ここに生きている」と話していました。私たちも同じです。今、目の前の若者と一緒にやっていくことこそが必要だと思っています。

体育館の脇にあるステンドグラスには世界中の宗教を象徴している絵が描かれています。フリースヒューセットの良いリマインダーの役割を果たしています。世界中の人を誰でも受け入れるということを表わし、宗教的に差別したりすることがないと言う意味でもあります。

また、カフェの奥には創設者アンデシュ・カールベルィの遺言を記したポスターを掲げています。「私の仕事は、人を信じることによって成り立っている。人を信じないことなどもってのほかである。それは私がただ単に人のいい側面しか見ていないというわけではない。すべての人は、筋を通し、ちゃんとした動機があり、そして真っ当な人に囲まれれば、立ち上がり一歩を踏み出すことができると、私は信じている。」2013年に亡くなりましたが、彼の価値観はフリースヒューセットに浸透しています。彼のこの言葉はフリースヒューセットのミッションそのものとして根付いています。

2018年11月に訪問した際の記録をもとに作成

体育館のステンドグラス

故アンデシュ・カールベルィの遺言が掲げられた
ポスターの前で説明するマーティンさん
（撮影：山本晃史）

ウンガ・クリスに学ぶ 若者当事者支援

「自分はコミュニティの一部である」

語り手 ヨハン（仮名、サポーター）

創設者のクリステル・カールソン（右端）

薬物依存から社会復帰へ

スウェーデンには「KRIS」（Kriminellas Revansch I Samhället、以下クリス）という出所者の自助団体がある。クリスは、これまでの人生の半分は刑務所で過ごしたクリステル・カールソン氏（Christer Karlsson）が1997年に設立した団体だ。出所者が社会復帰するための支援が少ないことに疑問を抱き、数人の出所者と共に賛同者を募り、ストックホルムを拠点に活動が始まった。クリスの若者版が「Unga KRIS」（以下ウンガ・クリス）である。

ウンガ・クリスでは、刑務所での服役や薬物依存、アルコール依存を経験し、それを脱した若者が、現在そのような境遇にある若者の社会復帰支援をしている。支援対象となる若者は13〜25歳で、若者が若者へ当事者による支援を行なう。基本的な活動はシンプルである。スウェーデンの他のユースワークと同様に、被支援者であると同時に支援者でもある若者が、やりたい活動を共に行なう。ただし以下の4つの原則を同時に守ることが義務付けられている。「誠実（Honesty）」「ドラッグ禁止（Drug-free）」「友情（Friendship）」「連帯（Solidarity）」である。活動で共に時間を過ごしながら、

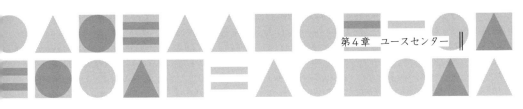

★ウンガ・クリス　Unga KRIS

【　目　的　】若者主体のフェレーニングであり、所属する若者と社会全体の両方
　　　　　　　の向上を目指す。

【　設　立　】2006年。現在では国内数カ所を拠点としている。

【対象年齢】13歳から25歳

【スタッフ】社会的な排除を受けた経験がありながらも、高い若者支援の資質を
　　　　　　備えている。

【主な活動】キャンプ、映画鑑賞、サッカー、ペイントボールなど。活動内容は
　　　　　　メンバーとスタッフで決める。メンバーは、薬物使用と飲酒の禁止
　　　　　　のルールに従わなければならない。

これらの原則を日々、徹底的に守ることができるようにお互い励まし合う。

ウンガ・クリスに若者が来たら、まず、「何かやってみたいことはある？私たちに何かできることはあるかな？」と尋ね、本人がやりたいことができるように手伝いをする。暴力や犯罪、ドラッグやアルコールに走らないように、サッカーやバレーボールなど代わりとなる他の楽しみを提供しているが、「何をやりたいか」は必ず被支援者の若者の声で決まる。サッカーがしたいという要望があれば、サッカーチームを作る。自分の声が生かされ、自分がウンガ・クリスのメンバーだと感じることによって、暴力や犯罪、ドラッグやアルコールの摂取をしなくなる。サポートを受けながら、自分でもやってみたいことができたと実感でき

るようになると、今度は誰かの役に立ちたいと思うようになっていく。

しかもそれが自分と同じような薬物依存から実際に立ち直った若者によるものであれば、これ以上のロールモデルはない。当事者の経験を活かしながら、より社会復帰へとつなげやすくなるということだ。

他にも、ウンガ・クリスへ来る若者を対象にした勉強会（スタディサークル）も開いている。暴力、ドラッグ、自尊感情、スマートフォンの使い方、外国語、健康、料理など、メンバーが知りたいことは何でも勉強会のテーマになる。

2012年に訪問した際、ストックホルム市内のウンガ・クリスの立ち上げにも関わったヨハンさん（仮名）にこんな質問をしてみた。

Q ウンガ・クリスのスタッフになった経緯は?

ヨハン 私は11歳か12歳のときに初めて薬物を使用しました。15歳には暴力事件を起こし、その罪で2004年から2年間、少年刑務所に服役し、最後の3か月のアフター・トリートメント（社会復帰のための期間）をウンガ・クリスで過ごしました。少年刑務所のスタッフに新しい仲間をつくるのにウンガ・クリスを勧められ、家に戻ったときに連絡を取ってみました。そしてノルショーピンという地域にあるウンガ・クリスの一員となり、2006年からスタッフとして働くことになりました。2007年までの1年間はスタッフをしていましたが、その後、再び薬物や犯罪に手を染め、2007年から2010年までの3年間はウンガ・クリスから離れて過ごしました。2010年から2011年まで再び少年刑務所に服役。ウンガ・クリスから受刑中の私に連絡があり、再び私を助けてくれました。そして2011年12月、ストックホルムのウンガ・クリスを立ち上げるメンバーとなりました。

Q 若者と関わるときに大切にしていることは?

ヨハン 私もかつて同じ立場だったと話し、経験や気持ちを共有しています。それは普段の生活においてというよりも本人が危機に直面したときに重要になるからです。たとえ若者が再び薬物を使用しても、私たちウンガ・クリスはいつでもここにいて、あなたが戻ってくるのを歓迎するということを伝えています。

Q 「誠実」「ドラッグ禁止」「友情」「連帯」の4つの原則の活かし方とは?

ヨハン ウンガ・クリスではとくに「連帯」を大事にしています。これはフレンドシップ（友情）でなくフェローシップ（仲間、協力）を感じるということです。フレンドシップは2人の間の関係ですが、フェローシップはより広い意味での人間関係です。自分が大きなフェローシップ、つまり所属している「コミュニティの一部である」と感じられることが重要で、何かの一部であると感じることができれば、孤独ではないと思えるからです。

私はかつて薬物を使用していたとき、自分は孤独だと感じていました。10人の友達と一緒にいて薬物やアルコールで気分が高揚しているときでさえも、孤独を感じていました。孤独ではないと感じることができるのなら、誰かを攻撃することなしにありのままの自分でいることができます。

支援する側と支援される側の境界

　ヨハンさんへのイタビューからいくつか気付かされたことがある。まず、ウンガ・クリスは出所した若者の社会復帰を支援する組織でありながら、支援者と被支援者の若者の「居場所」として機能している。そして、「支援する側」と「支援される側」の境界が限りなくあいまいなことである。なぜならウンガ・クリスでは「支援する側」も「支援される側」もどちらも出所者であり、長く続く社会復帰の過程にいることには変わりないからである。同じような境遇にあるからこそ、同じ言葉を共有し、感情を共にできる「強み」があり、ありのままの自分でいることが一層肯定され、「居場所」や「つながり」を生み出している。若者による「若者支援」「当事者性」の真の力がここにある。

　しかし、だからといってただ「たむろ」しているだけではない。余暇活動を楽しむ中でピアグループとして4つの原則（前述）を守ろうと互いに励まし合う。

　一人なら挫けそうでもコミュニティの一部だと自分が感じられるからこそやっていける。ウンガ・クリスはそういうポジティブな居場所になっていて、ここではありのままの自分を感じながら、さらに自分を変えようとして努力している人が集まっている。

民主主義を実践する場として

　ウンガ・クリスの事例は、社会への影響力を高めることが結果的に「自分は何かの一部であると感じる」ことにつながることを教えてくれる。他のスウェーデンのユースセンターのようにウンガ・クリスでも若者がやりたいことを実現する「OLA」（第4章3節参照）の手法が使われている。一見すると「元犯罪者を集めて遊ばせる施設なんて！」という批判を喰らいそうであるが、ここでも若者による余暇活動を重視しているのは、若者を孤立させないだけでなく「社会での影響力を高める」ことを目的にしているからである。サッカーであれ勉強会であれ、自分で提案したことを仲間と実現していく中で、自分自身や他者への影響をコントロールすることができるようになる。些細なことだがその積み重ねが、自信と他者からの信頼の芽を育む。そして、所属しているコミュニティで活動をし、貢献していくにつれて自分をそのコミュニティの「一部であると感じる」ようになる。ここまで来たらもう「孤独」だとは感じない。

　そしてやはりここでも「民主主義」

が大事にされている。ウンガ・クリスのインタビュー中には、他のスウェーデンの組織と同じように「民主主義」という言葉を何度も耳にした。クリス代表のクリステル・カールソン氏のパートナーであり、かつソーシャルワーカーでもあるクリス副代表のソフィア・モディ氏は、ウンガ・クリスが他のスウェーデンの若者団体と同じように民主的に運営されることが大事だと強調していた。人権の尊重や差別の禁止などの民主主義の原則に沿ってウンガ・クリスが健全に運営されることは必須要件だ。「支援する側」と「支援される側」を分けない発想も、民主主義の「平等」という価値観に合致している。

　つまり、ウンガ・クリスもこれまで紹介した政党青年部や若者協議会などと同様に民主主義を実践する場となっているのである。実際に、この団体もまた、スウェーデン若者・市民社会庁からの助成金を受けて運営されている。会議の開き方や代表の立て方、他者を尊重し、協働で意思決定していくことなどの民主主義の基本となる運営方法も、他の若者団体と同様に助成金申請を通じて、学びながら実践する。社会的に困難な状況にある若者への支援活動が「民主主義」を語るのは、こういう背景からである。

ウンガ・クリスを訪問時の写真（2012年6月）

2012年6月に訪問した際の記録をもとに作成

第 5 章

若者政策とその歴史

1

スウェーデンの若者政策の特徴
～若者が社会に影響を与えることを支える～

❖ ヨーロッパにおける若者政策の浮上

　スウェーデンには若者の社会参画を保障する若者政策が存在する。そもそも若者政策とは何であり、どのような背景のもとに生まれたのだろうか。まずは近年のヨーロッパにおいて若者政策が生まれた背景を概観する。

　1970年代以降の工業化を終えたヨーロッパにひとつの転機が訪れた。若者を取り巻く社会・経済状況が、労働市場や少子高齢化による人口構造の変化を背景に、大きく変化したのだ。就学期間が長くなって高学歴化が起き、若年労働市場は流動化すると、消費市場の拡大とIT化の進行により若者の社会的な関心が希薄化した。若者自身のライフスタイルがこれまでの「直線的」かつ「単一的」な形態から多様化し、誰もが早くに就労して自立するのではなく、学生をしながら仕事をする若者もいれば、長い期間、親元で暮らすような若者も増え、家族や結婚などの伝統的な集団型モデルがより「個別化」するようになった。
　このような状況に呼応して、EU（ヨーロッパ連合）や欧州評議会（Council of Europe）で枠組みが整備され、その拡大に伴って、さまざまな社会的・経済的課題がアジェンダとして取り上げられて解決策が練られていったのは2000年前後であった。ヨーロッパの共通の課題を共有し、若者政策の布石となった「若者白書2001（European Commission White Paper : A New Impetus for European Youth）」には以下のような記述がある。
　「ともかく、若きヨーロッパ人には言いたいことがたくさんあるはずだ。結局のところ、若者こそ、経済的変化、人口のアンバランス、グローバリゼーション、

文化的多様性によって、主たる影響を被っている、まさに当事者である。私たちは、新たな不安定性が現れる時代にあって、若者が新たな社会関係の形、すなわち連帯を表明する新たな方法や、異質性と対応し、そのうちに豊かさを見い出す、新たな方法を創造することを期待する。より複雑化する社会的・経済的状況にもかかわらず、十分に適応する用意がある若者を私たちの社会の『一員』とすることでこの変化の過程を促進することは、ヨーロッパ各国の政治家の責任である」(訳：津富宏・両角達平)

　ここにヨーロッパの若者の状況認識、若者への期待が端的に現れている。かつてのように将来設計がしづらく、先行きが「不透明」になっている現代において、もっともその被害を被っているのは、今を、そしてこれからを生きる「若者」であるからこそ、若者の「参画」の必要性が強調された。

　実際、この白書を作成する過程でもヨーロッパの各地からさまざまな背景を持った若者、若者団体、研究者、現場実践者、行政職員が集まり、2000年5月から1年以上をかけて、会合を重ねて政策を練り上げた。この白書を皮切りに、若者が直面する状況が広く共有され、EUの政策の中でも若者政策が重要視されるようになっていった。

⊕ EUの若者政策を牽引

　スウェーデンがEUに加盟したのは1995年である。スウェーデンの若者政策は、基本的にはEUの若者政策の方針や問題意識と軌を一にしており、程度の差こそあれ若者が直面している課題はスウェーデンも他のヨーロッパ諸国と共有している。

　もっとも、今日のEUの若者政策を牽引してきたのは、スウェーデンの若者政策であるとも言われている。2009年11月にEU理事会が「青少年分野におけるEUの協力についての新たな枠組み(2010-2018)(a renewed framework for European cooperation in the youth field)」を採択した際の議長国がスウェーデンだったこともあり、「若者を社会の問題ではなく、リソースとみなす」というスウェーデンの若者政策への根本的な認識が、EUの若者政策にも共有され、結果として汎ヨーロッパレベルでの若者政策の基本的な理念として位置付けら

れた。以下では、近年のスウェーデンの若者政策の概要を記した「若者と若者政策 ―スウェーデンの視点（Youth and Youth Policy : A Swedish Perspective）」を紐解き、スウェーデンの若者政策について概説する。

　そもそもスウェーデンにおいては、学校教育や余暇活動の組織が形成されていった19世紀後半から20世紀初期に若者政策の起源は遡る。長きに渡り、学校教育と余暇活動のフィールドを2本柱にしてスウェーデンの若者政策は骨格を成した。国政レベルでの若者政策がつくられたのはここ30年のことである。今日のスウェーデンの若者政策は法制化されており、1993年にスウェーデン初となる若者政策法（Ungdomspolitik）が打ち出されて以降、発展を遂げてきた。スウェーデン若者・市民社会庁は、若者政策を「若者の生活条件の向上を目指して表明された政治的な願いである」と定義している。「政治的な願い」とは、国と政府によって掲げられた「目標であり、視点であり、主要分野である」としている。2013年には、「若者に焦点を充てて―良質な生活状況・権力・影響力（Med fokus på unga : en politik för goda levnadsvillkor, makt och inflytande）」が国会で議決。そこでは、2014年から2017年までの具体的な若者政策の計画が盛り込まれた。同政策は、理念を「13歳から25歳のすべての若者が、良質な生活環境に恵まれ、自身の人生を形づくる力を持ち、コミュニティの発展に影響力を持てるようになること」と掲げている。これらの若者政策は、政府各機関に対して拘束力があり、市町村と県に対してはガイドラインの役割を持つ。

　また、スウェーデンでは政府が行なうあらゆる決定は、「若者の視点（ungdomsperspektiv）」を持ったものでなければいけないとされている。「若者の視点」とは、一人ひとりの「若者の知識や経験」と「若者の声」（参画と影響 : delaktighet och inflytande）に基づいたものでなければいけない。それはつまり、多様な若者がそれぞれ自立するために必要な知識や支援が得られ、社会が物事を決定するときにはその意思決定に若者が参画することができるということである。

⊕ スウェーデンの若者政策の特徴

　現在のスウェーデンの若者政策を整理すると4つの特徴が見えてくる。

　　１．若者政策の対象は13歳から25歳。
　　２．若者を社会のリソース（資源・資力）であり、社会の発展に必要とみなす。
　　３．広範囲に及ぶ課題を横断して総合的にカバーする。
　　４．若者の社会への影響力を高めることを目標とする。

ひとつずつ説明したい。

＜若者政策の対象は13歳から25歳＞

　まずスウェーデンの若者政策の対象である。2019年時点において、スウェーデンには13歳から25歳の若者が約153万2,000人いる。これはスウェーデンの総人口1,032万7,000人の14.8％を占める。このグループを対象にした政策がスウェーデンの若者政策である。

　一方、EUの若者白書では15歳から25歳を若者政策の主な対象年齢としており、国際的な法律や統計では若者を15歳から24歳と明確に定めたものもある。若者政策の基本的な対象年齢は国によって異なり、ヨーロッパ各国でも30歳までと定めていたり、18歳を区切りに子ども政策と若者政策を完全に分離している国もあったりと、一筋縄ではいかない。スウェーデンの2013年の若者政策では、国連子どもの権利条約（18歳未満）や欧州委員会による統計「Eurostat」（15歳から29歳）、ヨーロッパ域内での海外留学や就労を支援する「Erasmus＋program（エラスムス・プラスプログラム）」（13歳から30歳）などの対象年齢をリストアップし、政策やプログラムによって年齢対象が一貫しないことを認めたうえで、スウェーデンでは13歳から25歳を若者政策の主な対象とすることを定めている。

＜若者は社会のリソース＞

　ではこの総人口の約15％を占める「若者」を政策ではどのように位置付けているだろうか。前述した『若者と若者政策』には、13歳から25

インタビューに応じる
スウェーデン若者・市民社会庁
事務総長のレーナ・ニーベリさん

歳の時期を端的に示す一文がある。

　「若者期は、移行の時期、社会化の時期、社会的地位を獲得するための苦闘の時期、あるいは本来的な価値を有する時期とみなすことができる」

　この一文は以下のように解説されている。「移行の時期」とは、子どもが大人へと日々変化するという意味である。「社会化の時期」とは、学校における教育や余暇の一環である若者団体の活動などを通じて民主的な規範意識を身に付けていくことである。「社会的地位を獲得するための苦闘の時期」とは、例えば、仕事を得て、親元から離れて独立して生計を立てたりするなど経済的かつ精神的な自立を確立し、大人などの他の集団と同じように社会参画するための地位を獲得するために挑戦することである。最後の「本来的な価値を有する時期」というのは、若者という現在の立場自体の価値を認めるということである。これは、スウェーデンの若者政策のスローガンのひとつである「若者を社会の問題ではなくリソースとみなす（Unga ses som en resurs och inte som problem）」をよく表している。

　では、それとは反対の「若者は社会の問題である」という見方は、何をもたらすであろうか。若者は、大人と比べて未熟で脆弱で、危険にさらされているので、大人が守る必要があるという「保護」のアプローチにつながる。しかしこの「若者は社会のリソースである」という見方は、社会の側が社会の発展のために若者を必要としているというアプローチである。かつてのような人生の「標準ルート」が確立していた時代を生きていた大人よりも、世の中の流行や社会の変化に敏感に反応しながら今を生きる若者の方が、先行きを見通すことができない現代社会においては、力を発揮するという考えとも相性がいい。

　若者を社会のリソースとみなす価値観はまた、あらゆる教育や経験の機会を若者に投資するという発想を含む。若者一人ひとりの生活や地域の環境を向上させることが、若者の問題を解決するだけではなく若者自

スウェーデン若者・市民社会庁の発行物は、
若者が手に取りやすいデザイン
（撮影：白石美咲）

身のポジティブな側面をさらに成長させ、社会全体の発展につなげているのである。

＜広範囲に及ぶ課題を横断して総合的にカバーする＞

なぜ若者政策は横断的にさまざまな領域を扱うようになったのであろうか。それは、子どもから大人になる若者期に起こる人生のイベントがさまざまだからである。移行期にある若者は、身体的な成長や健康、学校での就学、余暇での活動、政治への参加、就業による経済的な自立、家庭の形成など、さまざまなライフイベントを経験する。

それに対応するようにして、スウェーデンの若者政策は構成されている。2009年の若者政策「若者政策のための戦略（En strategi för ungdomspolitiken）」では若者政策を① 教育と学習（Utbildning och lärande、②就労支援（Arbete och försörjning）、③健康と脆弱性（Hälsa och utsatthet）、④影響と代表（Inflytande och representation）、⑤ 文化と余暇（Kultur och fritid）の5つの領域に整理して掲げている。

①は、主に学校教育を中心とした若者の教育や学習機会に関する施策を指す。②は、労働市場に参入するための若者の就労支援である。ヨーロッパには、日本のように新卒一括採用といった慣行は存在しない。大学は卒業後の進路を見据えて専門的な知識や能力を身に付けるために進学するところであるが、卒業後にすぐに仕事に就ける保障は必ずしもない。ファーストキャリアは、インターンシップやパートタイムである場合が多く、定職に就くのは30代に入ってからと言っても過言ではない。実際に、就労も就学もしていない若者、いわゆる「ニート（NEETs）」もスウェーデン国内では15万人にのぼるとされている。そこで、不安定期にあるこの時期の就労の支援が必要とされている。③では、暴力、メンタルヘルス、ジェンダー、性教育、インターネットなどの若者の健康について扱っている。テーマごとの若者の実態調査や支援を要する人のための外部団体のサービスの紹介などを行なっている。④の「影響・代表」は、日本ではあまり聞き慣れない言葉である、いわゆる若者の政治参画の領域を扱うカテゴリーである。「代表」は、スウェーデン社会が基盤とする「代表制民主主義」の意味もあるが、自分たちの声が届き、政治家や代弁者によって「代表されている

（represented）」状態が、代表制が機能しているときである。反対に、ある属性や立場、グループの人たちの声が政治や社会に届かず、軽視されている状態は代表制が機能していないときで、「under-represented」と言われる。本章次節や第2章の若者団体を通じた声の反映などが該当する。⑤は文字通り若者の余暇の時間における文化的な活動やスポーツ、若者団体の活動の領域をカバーし、第2章と第4章がここに該当する。

　伝統的にはヨーロッパ各地における若者を対象とした施策は、学校外の余暇活動や青少年運動が主領域であった。しかし、近年になって多様化する若者のニーズに呼応して、就労、学校教育、健康、住宅、文化、その他の社会課題などに政策領域を拡大した。分野横断化とはこのようにして、若者政策の性格を固定化せず、柔軟に、効率良く、若者の直面する課題に応えることを可能にする重要な要素である。

＜目標は若者の社会への影響力を高めること＞
　若者の「社会への影響力」とは、いわゆる若者の参画（Youth Participation）の先にある考え方である。スウェーデンの若者政策は「参画」という言葉よりも「影響力」という言葉が使われる。若者の「社会への影響力」は、若者に関するありとあらゆる決めごとや政策、実践に若者が参画する機会が与えられ、若者の声、考え方、視点に耳が傾けられ、その結果、政策や実践に反映され、社会が変わるときに初めて「影響力が発揮された」となる。「参画」はあくまで過程であり、若者の参画の結果として社会が変わるところまで、スウェーデンの若者政策は見ている。このロジックに従えば、若者の「参画」を目標にすることは、必ずしも若者の「社会への影響力」が発揮できている状態を目指しているとは限らない、ということになる。参画は「プロセス」に過ぎず、「アウトカム」ではない。社会への影響力を伴わない若者の参画ではなく、参画した結果の「アウトカム」として若者の社会への影響力が発揮されている状態をスウェーデンの若者政策は措定している。

スウェーデン若者・市民社会庁の仕事

スウェーデンの若者政策を担当する政府機関は、スウェーデン若者・市民社会庁（Myndigheten för ungdoms：och civilsamhällesfrågor、略称はMUCF）である。前身は1959年に設立された政府若者審議会（Statens ungdomsråd）で、若者団体と政府機関との連絡調整としての役割を担った。1976年から政府機関に格上げされ、青年事業庁（Ungdomsstyrelsen）に代替されたのは1994年であった。その後、青年事業庁は2014年4月に若者・市民社会庁へと改称した。同庁は教育省のもとに設置されており、約70人の職員がストックホルムのオフィスで勤務していたが、2019年からスウェーデン南部のベクショー市に拠点を移している。

若者・市民社会庁が行なうのは、若者の状況を正しく把握し、その状況を世の中に広めること、そして上述した若者政策の理念の実現のために若者政策を推進することである。若者・市民社会庁は、あらゆる取り組みを若者目線で始めることを重視し、若者に関連する政策を扱うその他の政府機関とも積極的に連携を取っている。また、地方自治体とも連携し、LUPP（Lokal uppföljning av ungdomspolitiken。英語でLocal follow-up of youth policy）という各地の自治体の若者の状況を把握する調査を1992年から実施し、研修会を開催して自治体間での実践の共有などを行なっている。もちろん、自治体の政策にも若者の視点を盛り込むことを勧めている。それは若者の状況の調査によって裏付けられた正確なファクトと若者の知識や経験と声に基づいて、国や地域の若者政策が形成されなければいけないことを意味する。

同庁の主な施策は以下の4つである。

1．子ども・若者団体への助成金事業の実施

年間25億円（2019年）にも及ぶ助成金交付は、若者・市民社会庁の大黒柱ともいえる事業である。100を超える団体への交付により、若者団体の高い持続性と社会への影響力の向上につなげている（第2章5節参照）。

2．調査・研究

若者の状況に関する調査を科学的な方法で実施し、若者についての正しい知識を世に広めている。特定のテーマに「フォーカス」した『FOKUS』というテーマレポートで

は、「LGBTQ」や「影響力」などの
テーマを絞った調査を毎年実施して
いる。

　他にも、若者の価値観調査や
『LUPP』もここに含まれる。LUPP
では自治体ごとに学校、就業、健康・
安全、余暇活動など項目別に実態調
査を行なう。13〜16歳、16〜19歳、
19〜25歳と年齢を区切り、3年に
一度実施。報告書は、スウェーデン
語、英語、アラビア語、ソマリア語、
ダリー語で作られ、データはホーム
ページ「今日の若者（ungidag.se）」
で公開し、政策や実践に関わる人が
利用できるようにしている。

3．政策へのフォローアップ提言

　『FOKUS』や『LUPP』による調
査結果は、若者政策の改善に役立て
られる。国の若者政策と、地方自治
体における若者政策のフォローアッ
プをするのも若者・市民社会庁の役
割だ。若者政策の実施によってどの
ような変化が生じたかを各調査に
よって測定し、その変化に応じて数
値化する。

　またスウェーデンの各省庁は、約
80近くの指標に基づいて若者が置
かれている経済・社会的な状況を毎
年報告する義務を負っており、若
者・市民社会庁は各省庁から報告さ
れた結果を分析し、フォローアップ
して政策に反映させている。

4．研修・ナショナルカンファレンス
　の開催

　研修・カンファレンスの実施もま
た若者の正確な状況を世に広めてい
くひとつの方法である。研修は「市
民社会」「人種差別」「LGBTQ」「性
の規範意識・暴力」「若者の失業」「女
性の権利」などのテーマを扱い、大
学と連携して単位互換が可能なコー
スも提供している。また、若者と関
わる人や組織運営に携わる人に向け
た具体的なツールやスキルを教える
ワークショップも主催している。

　また、市民社会政策や若者政策に
ついてのナショナルカンファレンス
を毎年開催している。2016年には
2日間に渡って開催され、延べ800
人が参加し、各自の実践や経験を共
有した。開催テーマは「若者にどの
ような機会を提供することができ
るのか？」で、若者・市民社会庁の
2016年の目標に照らして設定され
た。約20の小セミナーが開催され、
ここでも「就労・就学」「安心・安全」
「若者の参画」「若い移民」という
2016年の若者政策の優先政策であ
る4つのテーマが反映された。カン
ファレンス中にはブースを設置し、
パンフレットや報告書や教材などを
配布。またカンファレンスの様子は
ポッドキャストで配信され、参加で
きなかった若者も聞くことができる
ようにした。

※「若者政策審議会」については本章2節
　を参照

2

スウェーデン流！ 若者の声を確実にアドボカシーする 3つの仕組み

全国の若者団体の声を束ねて国の若者政策へ
～全国若者団体協議会LSU～

　スウェーデンの若者団体や市民団体、政府機関を訪問すると、「アドボカシー（Advocacy）」という単語を頻繁に耳にする。「支持」「擁護」「弁護」などの広い意味があるこの言葉は、日本では「権利擁護」「政策提言」などの意味で使われることが多い。スウェーデンにおけるアドボカシーが何なのか、それを教えてくれたのが全国若者団体協議会（LSU）だ。正式には、Landsrådet för Sveriges Ungdomsorganisationerで、英語訳はNational Council for Swedish Youth Organizationsとなる。

　この団体の特徴をひとことで言うならば、若者世代の「圧力団体」であることだ。LSUがかける「圧力」とは、「若者世代の利益や目的を実現するための政治的な影響力」である。政権を取ることを目的としているわけではなく、またどこかの特定の政党を支持するというわけでもない。LSUは、若者世代の利益を代表して、スウェーデン社会が若者にとって住みやすい社会となるために、若者の声を政策に反映させることを目的としている。若者の声を政策決定者に届けることで、社会における若者政策の形成を支援していると言い換えることも可能だ。

　LSUは1942年、戦時の緊急事態に備えて若者が生きる力を付けることを目的とした全国大会を開催した組織に起源があり、その組織化はスウェーデン国王が主導したものである。第二次世界大戦下で、当時、多くの若者団体が難民や戦災者への支援キャンペーンを実施していた。1949年にはスウェーデン若者

団体全国協議会（Sveriges Ungdomorganisationers Landsråd：SUL）として組織が再編。冷戦に関する国際紛争や国際問題に国内の政党青年部が連携し、対処することが冷戦体制崩壊までの主な活動であった。

　その後、1990年代に入るとLSUは方向転換をし、スウェーデン国内の若者の課題に着目することになった。1992年、LSUの国内を担当する部門は、LSUに加盟する若者団体と連携して、若者団体の影響力を高めるための活動を本格化した。背景には、当時の子ども・若者団体が活動を全国規模に拡大することが以前よりも難しくなっていたことがある。

　2020年現在、LSUに加盟している若者団体は、政治、学生、宗教、環境、国際支援、人種差別の撤廃、アート、テレビゲーム、科学、アウトドア、出所者の社会復帰支援など、さまざまなテーマや属性を持つ全国規模の83の団体である。スウェーデン生徒組合や政党青年部、そしてスウェーデン全国若者協議会（SUR）など、これまで紹介した若者団体も加盟している。LSUは全国各地に支部を置く全国規模の若者団体を束ねる全国組織（umbrella organization）なのである。

　加盟する団体はLSUに会費を支払い、役員を派遣し、LSUの運営に決定権を持ち、派遣元の若者団体の意見を代弁し、LSUを通じて国の若者政策に影響を与える。これを象徴しているのがLSUのロゴだ。左に拡声器を持った若者、そして拡声器の先には、スウェーデンの国会議事堂がある。ひとりの若者の小さ

LSUロゴマークは拡声器

LSUに所属する若者団体を説明する
レベッカさん（2015〜2017年のLSU代表）

な声であっても、社会に届くよう大きくさせて国会（政治）に届けて反映させることがLSU（拡声器）の役割ということである。若者は他の大人の世代に比べて経験や知識も不足しており、かつ少子高齢化の影響もあり人口が少ない。そのため、政治の意思決定の場に若者を参画させるだけでは、若者の意見が政治の場で反映される可能性は低い。一人ひとりの若者の声は小さいかもしれないが、LSUというより大きな「拡声器」を使うことによって、若者の意見が政治の場に反映させられる仕組みを作り上げているということだ。

　若者の声を政治に反映させるためにLSUがしていることは2つある。ひとつは、LSUに加盟する若者団体のニーズ調査や若者からの意見聴取の結果を報告書にまとめて政府に提出したり、加盟する若者団体の代表と若者政策を担当する大臣との直接の面談の機会をつくることである。その際LSUが擁護するのは「若者政策全般」であり、個別の若者団体からの要望ではない。というのもLSUにはさまざまな若者団体が加盟しており、細かい政策においては、加盟する団体間で意見が割れることもあるからである。それぞれの細かい政策課題の詳しい意見を求められれば、環境政策に関しては環境問題を扱っている若者団体、宗教に関することだった宗教系の若者団体、メディアに関わることだったらメディア系の若者団体といった具合に、該当する若者団体へのつなぎ役に徹する。
　もうひとつが、自治体レベルでの若者政策の改善支援である。スウェーデン若者・市民社会庁の青年事業庁（Ungdomsstyrelsen）時代の2009年のレポートによると、63％の自治体は若者の影響力を高めるための若者協議会や若者のためのフォーラムの開催などをしているが、残りの37％は実施していないことが明らかになっている。これらの自治体にLSUのメンバーを派遣することで若者政策の改善を支援し、地域レベルでも若者に向けられた事業の実施や若者の参画が図られるようにしている。

　LSUが果たすのは「拡声機」の役割だけではない。加盟団体に対して、セミナーやワークショップなどの研修・交流会の実施、各若者団体が拠点とする自治体への提言活動の支援なども行なっている。LSUに加盟する若者団体は、団体運営のためのリーダーシップ研修や、健康、政治、教育、雇用政策などさまざ

まなテーマのセミナーにも参加できる。政治家を招いて、直接若者の声を聴いてもらう機会をつくることもある。つまり、加盟する83の若者団体への中間支援的な役割である。各若者団体の運営がより持続可能になるように支援しているのだ。

　ちなみにLSUも「若者団体」であり、政府から助成金を受けて運営がなされている。2015年の予算額は約4,500万円であったが、これは会費とスウェーデン若者・市民社会庁からの助成金によって賄われている。

　このようにして、LSUはさまざまな若者団体の運営を支援し、重層的に連帯することで若者の声を大きくして、国政レベルの若者政策に対して若者の影響力を高めることにつなげている（図5−1）。アドボカシーは、一時的なムーブメントに終始してしまいがちであるが、スウェーデンではこのようにして持続的に若者の影響力を発揮し続ける仕組みが制度的に組み込まれているのである。

✛ 専門家は「若者」〜若者政策審議会〜

　スウェーデン若者・市民社会庁が主催して毎年2〜4回の頻度で開催される「若者政策審議会（Ungdomspolitiska rådet）」という会議がある。2009年3月に開かれた若者政策審議会は、若者団体・非営利組織の代表、自治体、政府機関そして、研究者などが出席し、前年に行なわれた若者の生活状況や発達についての事前ヒアリングの結果が公表された。この年から他省庁の大臣が参加し、審議会の最後にはそれぞれの省庁の大臣がフィードバックを行ない、若者政策に若者の声を反映させた。

　審議会は6の常任団体（全国若者団体協議会LSU、スウェーデン若者・市民社会庁MUCF、健康・ワークライフバランス・福祉研究協議会Forte、スウェーデン全国自治体協議会SKL、全国若者の影響力ネットワークNUNI、全国スポーツ連盟RF）と、20の非常任団体により構成されている。

　非常任団体の任期は4年で、選出されるためにはスウェーデン若者・市民社会庁の若者団体への助成金を受けていることが条件で、分野やテーマ、規模、古株か新参かなどの視点からバランスが考慮されて選出される。2009年の審議会

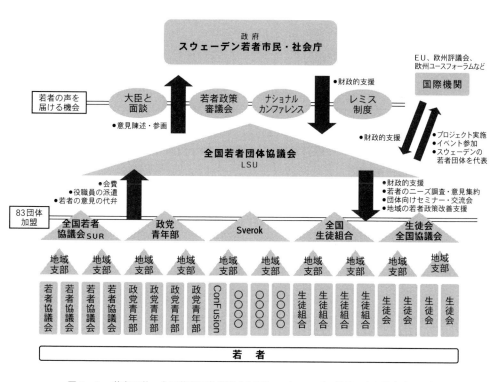

図5-1　若者団体、全国若者団体協議会LSU、スウェーデン若者・市民社会庁の関係

に出席したのは全24団体で、スウェーデン全国若者協議会SUR（第2章2節）や、生徒組合（第3章3節）、フリースヒューセット（第4章インタビュー2参照）、社会民主党や自由党の政党青年部、障害者支援の団体、若者参画のロールモデルと表彰されているクリスティンハム（Kristinehamn）市の職員、セーブ・ザ・チルドレン、難民支援のNGO団体などが参加した。しばし、その分野の大人の研究者や実践者に偏りがちな若者政策の審議会が、このようにしてほとんどを若者団体に所属する若者で占めることができていることは注目に値する。

⊕ 新法制定の前には「声を聴く」制度あり ～レミス制度～

　スウェーデンにおいて若者団体が国レベルの若者政策を若者がつくれるように
なっている真の秘訣は、「レミス制度（remiss）」の存在にあると言っても過
言ではない。この制度は、新しく法律を制定する際には必ず法案に関わる関連
機関（ステークホルダー）を集めた委員会を設置し、議論を経て、合意形成した
うえで法律の制定をする制度である。関連機関とは、中央政府機関、利権団体、
地方政府機関、NGO、民間組織など、法律により影響を被る可能性のある機関
を指す。

　この過程によって、政府は有用なフィードバックを得て、関連機関からどの
ような具体策が必要なのかを正確に把握することができる。もし関連機関が政
府案に難色を示す場合には、政府は法案の再提出が求められる。関連機関は分
野ごとにリスト化されており、そのリストに基づいて政府が招集をかける。国
の若者政策に関しては、LSUが主要な役割を担っており、LSUは若者政策の分
野でこのレミス制度に参加する若者団体のリストを作成している。ポイントは、
政府が直接これらの関連機関の若者団体のリストアップをしているわけではな
くLSUが作成している点である。若者政策に影響を与える主体の選定を若者団
体が行なうことをこのようにして保障している。若者が政策をつくることが制
度的に設計されている点は、もはや私たちが一般的に想像する「アドボカシー」
の域をはるかに超えている。

⊕ 若者の代表組織の存在が「若者がつくる若者政策」を可能とする

　スウェーデンでは国レベルのみならず、県、市町村（コミューン）レベルにお
いても、行政担当者や政治家へのアドボカシー活動が盛んであるのは、単に若
者団体がアドボカシーの技法を身に付けているからではなく、公の制度として
若者政策審議会やレミス制度のように若者団体の声を聴くことが整備されてい
るからである。SURやLSUのような組織やステークホルダーの声を集めて代
弁する組織は「umbrella organization（傘組織）」や「代表組織」と呼ばれるが、
それを国レベルで法的に位置付けているのである。

　一つの団体が政府へ意見・提言しても、それは一部の人の声だけしか拾って

いないのではないかと、「声の代表制」が問題視されることがある。たまたま届いた声かもしれないのに公的に反映させるのはふさわしくないのではないか。日本ではそんな声が聞こえてきそうである。

　しかしスウェーデンの場合、80を超える全国団体が連帯して、全国の若者団体を取りまとめる代表組織を通じて届けられる。扱うテーマは違えど、若者政策を目的にするという点においては目的を共有している。スウェーデンの若者の6〜7割が若者団体に少なくとも一つには所属していることからも、声の代表性が高いことがわかる。

　重層的なアドボカシーの仕組みによって、若者の声が正確に政策や政治に届けられる。ここまでしてようやく、「若者がつくる」若者政策となるのだ。

語り手　エヴァンジェロス・コウタラス（子どもオンブズマン事務局員）

インタビュー
interview 4

スウェーデン語で「代理人」
強い法的権力を持つ
スウェーデン子どもオンブズマン

スウェーデンの
子どもオンブズマンとは？

　子ども・若者の生活状況を良くするために重要な役割を果たす第三者機関として、「子どもオンブズマン」がある。「ombudsmannen」という言葉は、スウェーデン語で「代理人」を意味し、市民の権利を行政機関が侵害していないかを「監視」する第三者機関を指す。オンブズマン制度は、スウェーデンで1993年に始まり、世界中に広まっている。スウェーデンには7つのオンブズマン（国会・正義のためのオンブズマン、公正取引オンブズマン、消費者オンブズマン、プレス・オンブズマン、子どもオンブズマン、差別禁止オンブズマン、男女平等オンブズマン）があり、子どもに特化したものが子どもオンブズマンである（Barnombudsmannen、子どもオンブズパーソンとも呼ばれる）。国連で1989年に採択された「子どもの権利条約」に則り、子ども・若者の権利や利益に影響を与える問題を「監視」する役割を担っている。

　子どもオンブズマンはノルウェーが世界に先駆けて1981年に開始し、日本では1999年に兵庫県川西市が「子どもの人権オンブズパーソン」を最初に設置し、現在は約20の自治体

★スウェーデン子どもオンブズマン　Barnombudsmannen

【　事　務　所　】ストックホルム中心街
【　目　　　的　】国連子どもの権利条約によって定められた権利を代弁し、子ども・
　　　　　　　　　若者にとっての最善の利益と権利が国内で実現されいているか
　　　　　　　　　をチェックする役割を担う。ミッションは、すべての子ども・
　　　　　　　　　若者の声を聴いて、子どもの権利を実現させること。
【　設　　　立　】1993年（1990年国連子どもの権利条約批准）
【　所　　　轄　】社会省
【　主 な 事 業　】1. 相談、2. ヒアリング・調査レポートの作成、3. アドボカシー、
　　　　　　　　　4. 啓発活動・情報提供
【　年 間 予 算　】約2,400万SEK（約5億円）
【オンブズマン】任期は6年。任命はスウェーデン政府。
　　　　　　　　　※2001年〜 Lena Nyberg 氏
　　　　　　　　　　2008年〜 Fredrik Malmberg 氏
　　　　　　　　　　2018年〜 Elisabeth Dahlin 氏

にある。

　スウェーデンにおいて子どもオンブズマンはどのような役割を果たしているのだろうか。

　まずスウェーデンの子どもオンブズマンは、国レベルの第三者機関であり、法的拘束力を有す強い権限を持っている。子どもの権利や利益を守るためにあらゆる手段を合法的に、そして効力を伴いながら打ち出すことができている。また、国の機関として十分な予算が投じられており、子どもを取り巻く社会課題の中から特定のテーマを定め、調査研究してレポートを作成

し、主要機関に提出するなどもしている。さらに、EU各国と国連子どもの権利条約の認識と状況の改善について互いに進捗を報告し合い、チェックできているのは、これもまた国レベルの機関だからこそである。

　スウェーデンがここまでできるのは、法律で国に子どもオンブズマンを設置することが義務付けられていて、このオンブズマン制度がスウェーデンの子どもたちのために存在していなければならないと明確に定められているからである。

　なお、スウェーデン政府は2017年

7月に、国連子どもの権利条約を国内法として法制化する提案・可決し、2020年1月に施行された。子どもオンブズマン事務局員のエヴァンジェロスさんは、「国連の定めた子どもの権利条約は国際条約で〈法律〉ではありません。それだけでは義務や保障が生じないからこそ、子どもオンブズマンとしても、国内法化は子どもたちのために必要だと考えています。国内で法律として整備されて初めて意味があるのです」と語った。

子どもの権利条約の尊重を監視

エヴァンジェロス　スウェーデンの子どもオンブズマンの主たる仕事は2つあります。

まず1つが、批准している国連子どもの権利条約を政府機関が遵守しているかどうかを監視する役割です。このため、さまざまな調査を行ないます。

公的機関から一般には公開されていない情報にもアクセスする権利を持っていますし、必要ならば関係者と話し合いの場を設けて、半強制的に招集することも可能です。実態を明らかにしたあとは報告にまとめ、子どもの待遇を改善するように要請し、国内の子どもの権利基盤の向上を目指します。

子どもオンブズマンの取り組みによって変わった例を挙げます。精神医療を受ける子どもに手足をベルトなどで拘束する措置を取る場合があることに対し、私たちに疑問が寄せられたことがありました。私たちが調査・集計・提言を行なった結果、子ども本人の意思に反して体の自由を奪う措置をやめ、そのうえで安全な医療ケアを施せるように環境整備されることになりました。

最近では、少年刑務所にいる子どもの置かれている環境が子どもの権利条約に沿ったものであるかどうかを監視

エヴァンジェロス事務局員

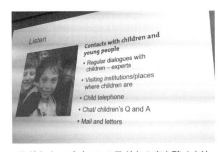

子どもオンブズマンの子どもの声を聴く方法

しています。これに関しては、外の国にも詳しく配信するためにレポートの英語版も作りました。

　他にも、政府機関から私たちに依頼を受けることもあります。例えば、新しい法律を制定する際にレミス制度のもと私たちにも意見を求められました。これまで200以上の法案に対して意見を求められ、そのたびに分厚い束になった法案に関する情報に目を通しています。

　個別の事案以外にも、年次報告書も作成します。とくに社会的に脆弱な状況にあるとされる子どもの現状に焦点を置いて、毎年違ったテーマを設定しています。テーマは、職員で協議し、該当する省庁の大臣に報告して決定します。子どもにも手に取りやすくなるように、堅苦しさのないハンドブックになるように工夫しています。ちょっとした漫画なども混ぜながら楽しい要素も取り入れています。最後の章に、

スローガン「子どもには話す権利がある」

「今後、子どもを取り巻く世の中がどうなってほしいか」についてまとめています。これも単に記すだけでなく、その後、フォローアップとして、数値を含めて達成調査を行ないます。また、国連子どもの権利委員会に数年ごとに提出する政府報告書に添えるレポートも作成します。あくまで独立した立場で作ります。

　どんな変化にも時間がかかるものですが、調査と勧告・報告によって、少しずつでも着実に変えることはできているのではないかと思っています。

子どもの声の代弁と 子どもの権利の啓発活動

エヴァンジェロス　2つ目が、18歳未満の子どもの声を聴き、代弁する役割です。個別救済機関ではないので、それぞれの子どもが抱えている問題をひとつひとつ解決するということはできないですが、より多くの子どもの声をすくって、政府機関に直接届けるため、ダイアローグの場を設けています。

　この際、基本となるのは、子どもの権利条約のとおり、18歳未満のすべての子どもに対し、自分の言葉を聴いてもらえる権利を保障することです。そして自分の持っている権利について子ども自身が知ることです。

　前者については、調査の一環として特定の子どもたちの声を聴く活動をしています。子どもたちはその道の「専門家（スペシャリスト）」です。状況を正しく知るうえで子どもの声を聴くことは欠かせません。

　子どもオンブズマンでは、当事者である子どもから話を聴く際に「Young Speakers」という手法を取り入れています。子どもが言いたいことを自由に言えるようにし、私たちもそれをしっかり聴けるようにするための聴く側の姿勢についての方法です。話の途中で遮らずにひたすら聴くこと、途中で別の話を持ち出さないこと、また絵やコラージュ、スライドショーなどを使って、情報をわかりやすく伝えることなどです。これは私たち職員が共有するだけでなく、子どもにも勧めています。

　調査や事業などを通して集めた声は、私たちが代わりに政治家や大臣に伝えるばかりではなく、子どもが自分で伝える場をつくることもあります。

　また、子どもオンブズマンには一般市民からの質問を、電話やチャットで受け付けて回答する「リサーチ・ユニット」という部局があります。子どもからの質問は翌日を目途に、可能な限り最低でも１週間以内に回答することになっていて、その他一般の方から

の質問には３週間以内には必ず回答をすることになっています。25人ほどの専従職員が対応しており、弁護士やソーシャルワーカー、一般企業の会社員が相談員を兼業しています。

　後者については、生まれてくる子どもが持つ権利についての知ってもらうことを目的に、子どもを授かった際に子どもの権利について書かれた本を配るなどして、子どもの権利に関する啓発活動もしています。目指すのは、すべての子どもが自らの権利に気付いて、その権利が認められていなかったり侵害されている場合、どこに訴えればよいか知っている状態にすることです。とくに、社会的に脆弱な状況に立たされている子どもがその状況から脱出することが重要です。

2015年9月と2017年11月に訪問した際の記録をもとに作成

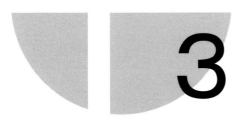

3

スウェーデンにおける民主主義の歴史と
若者政策実現への道のり

若者政策 の歴史 1　民衆運動からセツルメントへ ～「若者」の発見～

　スウェーデンの民主主義の歴史を語るときに避けては通れないのが「民衆運動（folkrörelse）」である。「国民運動」と訳されることもあるこの言葉は、スウェーデンの19世紀末に勃興した市民を中心とした一連の社会改良運動であり、代表的な民衆運動としては自由教会運動、禁酒運動、労働運動が挙げられる。この時期にスウェーデンで一連の民衆運動が起こった背景には、スウェーデン社会の産業構造の変化と都市化が影響を与えている。スウェーデンは19世紀半ばまで貧しい農業国であったが、農業革命ならびに産業革命、そして1870年代の農業不況が都市人口の急増をもたらし、工業労働者の割合が高まった。こうした中で都市に存在した酒場（いわゆるパブ）は、労働者の憩いの場として機能するだけでなく、インフォーマルに相互扶助を保障する機能を果たしたが、その一方で変化する生活様式に適応できない労働者は、失業し、飲酒に依存し、犯罪に走るものが増え、都市の治安が悪化していた。このような状況は当時の労働者が引き起こした社会課題として「労働者問題（arbetsarefrågan）」と認識され、労働者の飲酒への依存の克服のために起こったのが禁酒運動であった。

　このように、社会秩序の形成の一翼を担ったのが「民衆運動」である。その後民衆運動は、労働組合や消費者協同組合の組織化を進める中で労働者階級の社会課題を解決し、政治意識を高め、普通選挙権の実現を目指す運動に発展していった。とくに信仰改革運動や社会民主主義労働運動などの民衆運動は労働者階級と下層中間層（農民や手工業者、小生産者）を中心にメンバーを重複させ、国民の3割が関わったとされている。

153

この民衆運動の流れを引き継いだのが、スウェーデンの成人の生涯学習の機能を果たす「スタディサークル」である。禁酒運動を牽引したアメリカの禁酒団体であるIOGT（Independent Order of Good Templars）のスウェーデン支部がヨーテボリに設立されたのは1879年であった。IOGTは冊子の配布や各地での講演活動による飲酒の弊害について啓蒙活動を行なっていたが、IOGT内でメンバーの教養の向上を目的とした教育事業が1894年に立ち上がり、これがスタディサークルの初期の形態となり、のちに「スタディサークルの父」と称されるオスカル・ウールソンによって体系化された。今日でも全成人人口の5分の1が何かしらのスタディサークルに所属し、音楽や言語、社会学から工芸、スポーツまでさまざまな活動をしているが、スタディサークルにおいてもっとも重視されているのは、「民主主義の価値を学び、民主主義の方法で運営していくこと」であるという（本章インタビュー5参照）。

　そのような時代背景を念頭に、スウェーデンにおける若者政策の萌芽を辿ってみたい。今日のスウェーデンの若者政策の前身は19世紀後半にまで遡る。スウェーデンにおいて初めて子ども・若者政策に政府が責任を持つことが明文化されたのは1898年であった。当時のスウェーデン社会は、都市化と工業化に国の福祉制度が追い付いておらず、若者政策がほとんど整っていなかった。若者が自由に集える場所もなく、若者は道端でたむろするようになり、それが、政府の子ども・若者問題を扱う委員会に「社会問題」とみなされていた。暴力や非行、育児放棄に走る若者の「モラルの改善」を目的としていたこの委員会が別名「ギャングボーイ委員会」と呼ばれていたことからも、若者が社会の「お荷物」と認識され、大人や有識者が対策を練るという構図になっていた。

　同じ頃、ヨーロッパで勃興していたセツルメント運動（スウェーデン語ではヘムゴードhemgård）はスウェーデンにも到来。ナタエル・ベスコヴ（Natanael Beskow）とエッバ・パウリ（Ebba Pauli）は、イギリスの大都市のスラムで起きていたセツルメント運動に触発され、1912年にスウェーデン史上初のセツルメントである「ビルカゴーデン（Birkagården）」をストックホルム市のビルカ地区に設立した。ビルカゴーデンは、女性労働者向けに図書室、講座、保育所などを備えた「交流・集いの場（mötesplats）」としての役割を果たした。スウェー

ビルカゴーデンの外観

ロビースペース

デンにおけるセツルメント運動はイギリスやアメリカとは異なり、女性労働者
の支援を目的として開始されたことが特徴だ。当時のビルカ地区は、地域の工
場で働く女性労働者が住み着いていた貧困地域であり、やがてニーズを反映し
て保育所が設置され、各種講座が編成されていった。

　その後、世界恐慌（1920〜1930年）の波がスウェーデンにも押し寄せ、失
業者の増加に応じてセツルメントでも、失業対策のための講座などが開講され
るようになった。この頃（1930年代）から、セツルメントが「ユースセンター
（ungdomsgård）」を名乗り始めるほど、利用者の大半を若者が占めるように
なったのは、若者の失業問題と居場所の欠如が起きていたからである。

　一方で、拡大していた民衆運動は、各地へのセツルメント設置に拍車をかけ
た。1933年までにスウェーデン全土で10のセツルメントが設立され、1940年
以降にはスウェーデンの全国規模に広まったが、すべての人々を対象にしたユ
ニバーサルな「交流・集いの場」を掲げつつ、活動の中心は若者を対象にしたも
のがほとんどであった。しかし依然として若者政策をめぐる当時の議論におい
ては、「若者問題」は若者の倫理やモラルの文脈で語られる傾向にあり、「問題
のある若者」は「正されるべし」とする論調であった。

若者政策の歴史 2　ユースケア委員会が果たした役割 〜若者の余暇施策と理念の形成〜

　1932年、社会民主党政権が政権を奪還。以後1976年まで単独政権で「国民の
家（Folkhemmet）」をスローガンに普遍主義的な社会保障制度の実現を目指す。

「国民の家」構想は、すべての国民が自由で平等であり、そうした国民の相互の理解と連帯に基づいて、国づくりを進めることを意味し、国民のすべてを恩恵の対象とした普遍主義的社会保障制度を推進する礎となった。

　スウェーデンの若者政策の最初のターニングポイントは、1939年のユースケア委員会（Ungdomsvårdskommittén）の設立である。この委員会の設立はスウェーデンの若者政策の歴史で大きなマイルストーンとなり、より包括的で科学的なアプローチによって若者の状況を把握することに改めることを推進し、これまでの「モラル改善」の色が強かった若者問題の世の中での語られ方を牽制しようとした。

　実際にこんなことがあった。当時の新聞の紙面では、公衆の面前でダンスしている若者を「チープなアメリカのユースカルチャーに感化されたエロ動物」とまで表現され、このようなことをする若者は失業していて、若者団体などの組織化された余暇活動への参加の機会が奪われた若者だと考えられた。しかし、科学主義を重視する委員会は、世に広まるそのような意見に対抗するために、若者の余暇活動に関する包括的な調査を実施した。その結果、ダンスホールへよく通うまたはストリートダンスをする若者は、一般的に「落ち着いた」とされる、仕事をし、学業に励み若者団体で活動をする若者が主であることが明らかになった。経済的な余裕のあるこのグループに属する若者だからこそ、新たなユースカルチャーを楽しんでいるのだと世間の考えを正した。

　第二次世界大戦ではスウェーデンは中立を保ち参戦をしなかったが、ナチスドイツにみられる青少年団体の軍事利用はスウェーデンの子ども・若者政策に影響を与えた。ナチスドイツは10歳から18歳の「ヒトラー・ユーゲント」への加入を義務付け、地域における若者の軍事利用を推し進めたが、戦後、スウェーデン政府は若者の余暇活動に過度に介入をすべきではなく、政府による支援はあっても実際の活動の責任は、地域の主体や非政府組織に任せるようにバランスを取ることが大事だと考えられるようになった。

　ユースケア委員会は、他にも就労、生活状況、余暇活動、性の問題、心理的なケア、消費活動、娯楽などさまざまな領域を扱い、優先順位は高くはなかった

が若者の「参画」と「影響力」についても取り上げるようになった。とはいえ、基本的な議論は「大人社会が若者の生き方に関与し、影響を与えれば、若者を理解することができる」という大人による介入を基盤としていた。

しかし、ある「問いかけ」がこのような考え方に方向転換をもたらした。それは、委員会の1945年の政府報告書「若者とエンターテインメント（Ungdomen och nöjeslivet）」に掲載されている。

「そもそも私たち大人は若者の余暇活動にどのような影響を与えたいということなのだろうか？」

委員会の回答はこう続く。「私たち大人が若者の余暇活動を議論するのは、質の低さが目に付く狭苦しいアパートに保護者と同居しており、その保護者からも十分な社会的・精神的なサポートを受けていなかったり、あるいは働かざるを得ず、自分の才能や長所を伸ばす活動ができない若者がいるからである」。

当時は、スポーツクラブ、スカウト活動などの若者団体の活動や教育・ボランティア活動などの組織化された余暇活動によって、若者は社会や集団のメンバーに成長できるという「社会化（socialisation）」が達成されると考えられていた。しかし委員会は、これらの活動がすべての若者にとって魅力的になっているとは限らないと釘を刺したうえで、若者には家庭や学校、職場などとは別で「大人の監視の元にない余暇活動」が必要であるという考えを導いた。委員会はあらゆるすべての若者が生産的に自己の趣味や関心を追求し、仲間との親交を深める時間や空間を「余暇」と再定義し、「余暇」が個々の若者の成長を促すことを同報告書にて宣言した。

1945年当時の委員会のこの本質的な問いかけは、若者にとっての余暇の意義の再確認と施策の明確化に貢献しただけでなく、パターナリズムに基づいた「モラル改善」という大人の若者の課題への介入の論調を弱め、若者の当事者による「参画」をより重視する考え方の先駆けになったと解釈できる。

また、委員会は組織に属さない若者の余暇支援として、ユースセンターにおける「OLA（Open Leisure Activity）」（第4章3節参照）を推進することを提言した。1940年代に開発されたこのアプローチは、子ども・若者の余暇活動を支援する方法論であり、リンショーピン市のユースセンターとセツルメントの

館長を務めたイェンセン氏（Jensen）によって開発された。この方法論は当初、「オープン・ライン（den öppna linjen）」と呼ばれ、路上の若者が無償で参加できる活動や対話の機会の創出を目的として開発された。現在もスウェーデンのユースセンターが会員カードの作成や会員登録を不要としているのは、このアイデアに基づいているからである。ユースセンターは、「自分の家（ホーム）でくつろいでいるように感じられ、心地良い環境で友人と会い、何かを得ることができるような場所とすること」が委員会によって期待された。この着想はイギリスの「ユースクラブ」からきているという。ユースクラブは、若者が卓球やゲーム、手芸などの活動だけでなく、学習や研究に取り組むことと、若者の興味関心に基づいて「やりたいこと」とのバランスを取ることが重要とされた。

　他方でユースケア委員会は、ユースセンターにおけるこれまでの伝統的な大人が積極的に介入をする教育的なアプローチも否定しなかった。ただし、大人がすべきなのは、古い「権威的な」方法による「教育」ではなく、若者専用の「空間」を与えることで、若者を「すでにある活動に加入させる」のみならず若者の主体的な参画を促し、影響力を発揮できるようにすることであると、その重要性が明言された。

　若者の主体性を引き出すことをサポートする「余暇リーダー（fritidsledare）」（第4章2節および3節参照）の導入も1945年のこの報告書で提言され、その後、民衆大学（folkhögskola）にて余暇リーダーの養成コースも開設されるようになった。余暇リーダーは当初「ユースリーダー（ungdomsledare）」と言われ、1963年にストックホルム市の児童福祉委員会が設置したユースリーダー養成所（ungdomsledarinstitutet：ULI）にて教育と児童福祉に関わる専門職としての養成が国内で初めて実施された。

若者政策 3 の歴史 若者は社会の問題ではなく社会のリソース（資源）である

　第二次世界大戦に加わらなかったスウェーデンは、ヨーロッパにおいては戦後の復興需要の受け皿となり、高い経済成長率を維持した。スウェーデンは終戦後から少子高齢化が進み、社会が大きく変化しながらも、「国民の家」構想の元でさまざまな社会保障施策を打ち出し、いち早く女性の就業促進に着手し、

女性の「家庭からの解放」を進めた。

　一方で、戦後の経済成長期に労働力確保の一環として移民受け入れ政策を取ったスウェーデンでは、移民人口が急増し、その反動として住宅難が起きた。そのために断行されたのが、1965〜1975年の「ミリオン・プログラム」という大規模な住宅政策である。ストックホルムなどの大都市の郊外の至るところで、低家賃で利用できる都市型の住居が短期間で大量に建設された。この政策の影響により、前章で紹介したシャールホルメンやテンスタなど居住人口のほとんどが海外の背景を持つ人で占められる郊外が結果として形成されることとなった。それに並行する形で若者のための余暇活動施設の設置がこれらのエリアで進むこととなった。

　1967年の政府報告書『政府の若者の活動への支援（Statens stöd till ungdomsverksamhet）』では、若者の施設においては多様な若者の活動を促進することの必要性が明記された。今日の「若者は社会のリソース（資源）であり、問題ではない（Unga ses som en resurs och inte som problem）」というスウェーデンの若者政策の理念は、1965年に国際連合が採択した「青少年政策に関する宣言（Declaration on the Promotion among Youth of the Ideals of Peace, Mutual Respect and Understanding between Peoples）」から影響を受けたことによるもので、この時期のスウェーデンの若者政策の中心的な理念となった。その理念に則り、非行の防止や予防よりも民主主義の実践を促進すること、若者一人ひとりの強みを見出して、さらなる「リソース（資源）」を投入することが若者政策の柱となった。

　しかし、そのような崇高な若者政策の理念に反して、1960年代後半から1970年代のスウェーデン国内における若者をめぐる社会情勢は荒れていた。それに影響を与えたとされているのが、アルコール飲料に関する規制の緩和である。1969年にはアルコール飲料購入可能年齢が21歳から20歳へ引き下げられ、1970年代にはアルコール度数の低いビールが実験的に市販されるようになった。その結果、余暇活動施設において若者がアルコール飲料や危険ドラッグを持ち込んで摂取するというありえない光景が見られるようになってしまった。そのため余暇活動施設やそこで働く職員への世間の眼差しは厳しいものとなり、

若者政策もまた全体的に非行予防の文脈が強まっていった。

　北欧最大のユースセンターとして知られるフリースヒューセット（Fryshuset）
（第4章インタビュー2参考）は、まさにそのような文脈の中で生まれた余暇活
動施設のひとつだ。フリースヒューセットは、1984年にYMCA（キリスト教青
年会）の支援を受けながらアンデシュ・カールベルィ氏によってストックホルム
に設立された。1980年代後半、スウェーデンでは極右団体が形成され始め、ギャ
ングの若者が旧市街にたむろし、店舗の経営者は「若者が観光客を脅している」
と不満を口にしていた。若者に居場所がないことが原因であることに気付いた
カールベルィ氏は、フリースヒューセットを若者が集まれる場所にした。フリー
スヒューセットは、設立時から若者が音楽やスポーツができる居場所として機
能していたが、「非行青年にとっての天国」と政治家やメディアに批判され論争
を巻き起こすこととなった。このような時代背景も重なって当時のスウェーデ
ンの若者政策は、全体的に非行予防の色が強かったと言える。

若者政策の歴史 4　若者を人生の消費者にしないために決めたこと

　1981年の政府報告書「Ej till Salu」が発表され、スウェーデンの若者政策に
新たな視点が導入された。この報告書の英語訳は、"Not for sale"つまり「消費
主義にNoを」である。消費主義社会の若者への影響についてこう警鐘が鳴らさ
れている。
　「若者が、商品やサービスの消費者になっているだけでなく自分自身の人生に
おいても『消費者』となってしまい、結果として自身の人生を自分で決めること
ができなくなっている」
　戦後の高い経済成長と福祉の充実によってスウェーデンの若者の生活は豊か
になっていた。いつでも何でもほしいものがお金によって手に入る消費主義社
会においては、広告や流行に左右される消費行動が主となる。これでは、それ
までスウェーデンの若者政策が積み上げてきた「主体的な意思決定」の価値が
埋もれてしまう。若者は消費社会の中で受動的に育ち、さらには自分自身の人
生も主体的に決めることができなくなっていくのではないかという問題意識が、

この一文から読み取れる。

　加えて報告書は、消費主義の影響が余暇活動の現場にも及んでいることを指摘している。ユースセンターの職員の仕事が「サービス化」していることについて、以下のように指摘している。

　「最近は、地域の遊びすらも『すでにつくられたもの』ばかりで、子どもも若者もそれらに『参加』させられている。余暇活動施設のユースワーカーや行政職員は、できるだけ多くの『高価な』活動や施設環境を若者に提供することを義務だと感じている」

　職員はより良い「サービス（商品）」を「利用者（消費者）」である若者に提供し、反対に若者は「消費者（利用者）」として「商品（サービス）」を受動的に利用する。このような消費主義の行動様式は、一方的にサービスを提供し続ける職員を「提供者」へと、サービスの受け手としての若者を「消費者」へと、その役割と関係性を固定化する。ユースワークの現場における「提供者」と「消費者」という関係性は、「大人」から「若者」への一方向的な働きかけを促進し、若者を「お客さま」とすることで若者自身の「主体的な参画」とは真逆な受け身の姿勢を促す可能性をもたらす。それは「大人が若者の余暇活動の選択に影響を与えるとはどういうことなのだろうか？」という、かつて反省したはずのパターナリズムに基づいた関係性ではないか。消費主義の影響が余暇活動の領域において拡大することが危惧された。

　そのような問題意識を踏まえて、若者の社会への影響力を高めることを目的とし、ボランティアの若者団体やプログラムに直接政府の財源を充てることが提案された。また若者の消費主義や職員のサービスマインドを中和させるために、地域における余暇活動のサポートも同時に提案されている。

　その後、若者団体への助成金事業は1993年のスウェーデン若者政策法（Ungdomspolitik）において明文化される。1998年の改正においては、若者の声を吸い上げて国の若者政策へ反映させることを目的として全国若者団体協議会（LSU）を同法にて正式に位置付ける決定がされ、今日のスウェーデンの若者政策の体を少しずつ成していった。

　1980年代後半には、スウェーデンの全国の自治体の余暇活動施設数は1,500
に上った。余暇リーダーなどの若者の余暇活動を支援する職業の専門性が確立
し、学校やソーシャルワーク、警察との連携が進んだ。1985年の国際青年年
（International Year of Youth）では「参画」「開発」「平和」の３つが主要テーマ
となり、スウェーデンはその中から「参画」を国内の優先課題に位置付けた。こ
の影響もあり、スウェーデン国内では、ユースセンターにおける若者の参画を
促すプロジェクトへ政府の予算が投じられることとなった。例えば、若者主導
の企画の促進、意思決定の場への若者の参画、若者のニーズや期待を把握する
ことを目的にした若者・政治家・住民が集まる対話集会の実施など、いわば地
域社会における民主主義を高めるプロジェクトが、余暇活動施設を拠点に展開
されていった。

　1986年には、ウルフ・ルンクヴィスト（Ulf Lönnqvist）氏がスウェーデンで
史上初となる若者政策を担当する大臣（Ungdoms Minister）として任命された。
1990年６月には、スウェーデンは前年に国連決議で採択された国連子どもの権
利条約を批准した世界で最初の国となり、1993年には条約の形骸化を防ぐこと
を目的に、その執行を監視する政府機関として「子どもオンブズマン」を1993
年に設置した。

　この時期のスウェーデンの若者政策は、国際青年年や国連子どもの権利条約
などの国際的な「外圧」を味方に付けて、権利としての若者の参画を実質的に保
障するために、法制化や政府機関の設立、各種報告書の発行や委員会による検
討など、さまざまな行政改革が進行した時期であったといえる。

　いずれも改革の核となったのは「影響力」である（本章１節参照）。例えば、
1991年に発刊された『若者と権力（Ungdom och makt）』という政府報告書は、
過去数十年のスウェーデンにおける若者の参画に関する議論が、実質的な機会
確保に結実しておらず、若者の「影響力」も部分的にしか達成できていないこと
を指摘した。

　自らが持ち得る「影響力」について若者自身が知り、社会側は若者を「影響力」
の保持者として認識し、機会と責任が与えられることの重要性を同報告書は繰

り返し強調した。この報告書は、同年に社会学者であるベニー・ヘンリックソン氏によって実施された「若者の参画と影響力」に関する調査結果の示唆を受けている。調査では、地域における影響力が低いと感じている若者が86％に及んでいること、学校でもその数字は80％に及ぶことを明らかにしていた。

　また、1959年に設立し、1976年から政府機関として若者政策を担ってきた政府若者審議会（Statens ungdomsråd）（本章コラム6参照）は、1994年に若者政策を担当する省庁として青年事業庁（Ungdomsstyrelsen）に代替され、事務総長が任命された。1997年には「若者のための政策（Politik för unga）」が施行され、若者の参画と影響力を理念として若者政策の基盤を形成していった。

　2004年秋、国会で若者政策「決める力 ―福祉の権利（Makt att bestämma：rätt till välfärd）」が可決され、新たに2つの若者政策の目標が定められた。それは、「若者の影響力を保障すること（社会的影響力の拡大）」と「若者の福祉への実質的なアクセスを保障すること（社会的包摂）」である。これ以降のスウェーデンの若者政策は、多少の濃淡はあれど基本的にはこの2つの方針が貫れることになった。

　2004年の若者政策のもう1つの特徴が「文化・余暇」の推進を、脆弱な状況にある若者の参画を保障するための政策として盛り込んだことである。それを受け、余暇リーダー、つまりユースワーカーは文化的な活動を通じて社会的排除を被る若者の包摂を行なうように期待された。2010年のスウェーデン若者・市民社会庁のテーマレポート『FOKUS 10』では、生活に恵まれていないことで福祉的なニーズが高く、声が聴かれるべき人ほど社会においては受動的な立場から離脱できないという研究を示しながら、ここでも若者の福祉への実質的なアクセスを保障することの重要性を挙げている。また、特定の層の社会的な影響力が下がることは、その人たちを社会政策からも排除することにつながるとする社会排除の理論や、少子高齢化による人口動態の変化が福祉政策を「高齢化」し、結果的に若者が排除されたという課題も記された。

　このような認識をたびたび共有したことで、スウェーデンの若者政策はその理念を「権利としての若者の参画の保障」のみならず、社会包摂的な要素を盛り

込みながら、若者の「社会的な影響力の拡大」へと進化させていった。

　2013年には2017年までの政策枠組みとなる若者政策「若者に焦点を当てて—良質な生活状況・権力・影響力（Med fokus på unga : en politik för goda levnadsvillkor, makt och inflytande）」が成立し、これが本章の冒頭で記した若者政策となる。

　このときの若者政策では、若者の「影響力」「自立」「メンタルヘルス」が優先課題として掲げられた。2014年が総選挙の年だったこともあり、学校で政治を教えるための教材を配布することや、学校選挙（第3章4節参照）の開催、若者政策審議会（ungdomspolitiska rådet）（本章2節参照）や子どもオンブズマン（本章インタビュー4参照）とさらなる連携を深めることなども本政策の中で明文化された。

　他にも「選挙」「政治」「自治体における若者の政治参画」「民主主義の価値」など、とくに「政治」に関するテーマが重点的に取り上げられ、若者が暴力を伴う過激主義に陥らないようにするために、民主主義の啓発活動の支援が打ち出された。背景には移民政策に異を唱える排外主義的な極右政党や、それに暴力的な手段で反対する勢力の台頭、SNSやインターネット上でのフェイクニュースの拡散などによる「民主主義の危機（Democracy in Crisis）」の浮上が挙げられる。

　最近のスウェーデンでは、スウェーデン民主党（Sverigesdemokraterna）という極右の政党の支持がここ数年の間に拡大している。初めて国会で議席を得た2010年の得票率は5.7％であったが、2018年の総選挙では17.54％となり議席数を飛躍的に伸ばした。党首や関係者による差別的な言動はあとを絶たないが、市民の政治参画の度合いが高いスウェーデンではこの勢力に対する反発も大きい。

　2015年8月、同政党による政治広告が、首都ストックホルムの地下鉄駅に掲示され物議を醸した。「Sorry about the mess here in Sweden」（「スウェーデンがこんなにごちゃごちゃになっていることを、謝罪します」という意味）というリードで始まる広告は、海外からの観光客にもあえてわかるように英語になっ

ていた。国内で増加する路上の「物乞い」は組織化された国際ギャングらによる
ものであり、それに対して政府は何も策を講じていないという趣旨の政治広告
である。あまりに露骨な広告に対して、SNSは炎上し、すぐさま1,000人を超
える抗議活動が街中で起こった。市内で集会が開かれ、一部が地下鉄の駅の広
告を引き剥がす騒動となり、2人が逮捕された。

　ここまで激しい抗議活動ではないが、スウェーデンの学校現場でもまた、極端
な主義主張をする政党の来校をめぐった騒動が起きている（第3章5節参照）。
そのような事案が相次げば、スウェーデンの学校現場で教員が政党を招くこと
をためらうようになるのは自然なことだろう。そこへさらに、下手なことをし
て学校の評判を落とすわけにはいかないとプレッシャーをかけるのが、新自
由主義的に「市場化」したスウェーデンの教育政策である（第3章1節参照）。
SNSやインターネット上での事実に基づかない嘘の情報やフェイクニュースの
流布もまた、極端な主義主張を掲げる言説を後押ししたといえるだろう。
　2013年の若者政策が「政治」を全面的に取り上げたのは、そのような社会的
な背景があったからと理解できる。これに対応する形で、スウェーデン若者・市
民社会庁は、教員向けに作成した政治教育の教材である『政治について話そう！
（Prata Politik!）』（第3章5節参照）を2014年に刊行している。同書では、学
校で民主主義を教えることの意義や理念の再確認から始まり、政党を学校に招
くときに根拠にすべきスウェーデンの法令が具体的に示されている。後半では、
政党を学校に招いて実施される「政党ディベート大会」の実施方法を具体的に詳
述し、さらに政党のマニフェストやSNSやウェブサイトなどの情報源を批判的
に読み解く「史料（資料）批判（Källkritik）」の具体的な方法も紹介されている。

年　代	主 な 若 者 政 策	若 者 団 体
18世紀以前		
19 世 紀 末	◆若者政策の政府の責任の明文化（1898）	◆初の生徒組織発足（1862）
1900〜1920		◆社会民主労働党青年部設立（1917） ◆ヨーテボリにて初の大学の学生組合発足（1921）
1930〜1940	◆全国に10のセツルメント設立（1933） ◆ユースケア委員会発足（1939）	◆穏健党青年部設立（1934） ◆ヨーテボリにて中央技術学校生徒協会STLE発足（1938） ◆全国若者団体協議会LSUの前身が発足（1942）
1940〜1960	◆政府報告書「若者とエンターテインメント」（1945） ◆若者団体への政府助成金の交付を初決定（1954） ◆政府若者審議会設置（1959）	◆中央生徒会議SECO結成（1952）
1960〜1980	◆政府報告書「政府の若者の活動への支援」（1967） ◆政府若者審議会を政府機関に位置付ける（1976）	
1980〜1990	◆政府報告書「消費主義にNoを」（1981） ◆初となる若者政策担当大臣を任命（1986）	
1990〜2000	◆スウェーデンが児童の権利条約を採択（1990） ◆政府報告書「若者と権力」（1991） ◆子どもオンブズマンの設置（1993） ◆初の若者政策法の制定（1993） ◆政府若者審議会が青年事業庁へ（1994） ◆「若者ための政策」策定（1997）	◆スウェーデン全国生徒会SVEA（1994）発足
2000〜	◆若者政策「決める力―福祉の権利」（2004） ◆若者政策のための戦略（2009） ◆若者政策「若者に焦点を当てて―良質な生活状況・権力・影響力」（2013） ◆青年事業庁から若者・市民社会庁へ（2014） ◆『政治について話そう！（Prata Politik!）』刊行（2014）	◆スウェーデン全国若者協議会SUR結成（2003） ◆SECO→スウェーデン全国生徒組合（Sveriges Elevkårer）に改称（2012） ◆SVEA→生徒会全国協議会に改称（2020）

学校教育	ユースセンター	社会の背景	若者に関する課題
◆ウプサラ大学 創立（1477）			
		◆産業構造の変化 ◆都市化 ◆工業労働者の増加 ◆民衆運動（禁酒運動、自由教会 運動、労働運動） ◆IOGTヨーテボリ支部設立 （1879）	◆道端でたむろする 若者 ◆暴力、非行 ◆育児放棄
	◆ビルカゴーデン設立 （1912）		
		◆世界恐慌（1920～1930） ◆社会民主党政権誕生（1932） ◆第二次世界大戦（1939～1945）	◆就労　◆生活状況 ◆余暇活動　◆性 ◆心理的なケア ◆消費活動　◆娯楽 ◆参画・影響力
	◆「OLA」の開発と導入	◆欧州評議会設立（1949）	
◆学校選挙開始 （1960年代） ◆給食の無償化 が実現（1970 年代）		◆住宅政策「ミリオン・プログ ラム」開始（1965） ◆国際連合が採択した青少年 政策に関する宣言（1965） ◆アルコール飲料の規制緩和	
	◆フリースヒューセット設立 （1984） ◆余暇活動施設数：1,500	◆国際青年年（1985）	
◆学校選択制の 導入（1992） ◆学校選挙全国 統一実施開始 （1998）		◆EU（ヨーロッパ連合）に加盟 （1995）	
			◆過激主義への傾倒 ◆SNSなどインター ネット上のフェイク ニュースの蔓延

interview 5
インタビュー

語り手　ヨーラン・ヘルマン（学習協会アナリスト）

生涯学習大国スウェーデンを支える

スタディサークルがつくる民主主義社会

学習協会のオフィス

民主主義の基盤

　「スタディサークル（Studiecirkel）」とは、端的にいうならば「大人が自主的につくり上げる学びの場」である。最低3人いれば立ち上げることができ、音楽、陶芸、読書、言語、社会学、化学など、自分たちで学びたいものを定めて取り組む場合もあれば、すでに開講しているサークルに参加する場合もある。10ある「学習支援協会（studieförbunden）」[※]に登録すれば、それぞれが管理する施設を借りることができたり、経費への助成金に申請をすることができる。

　スウェーデンはヨーロッパの中でも突出して成人の生涯学習への参加率が高い。EUの統計部局Eurostatによると、スウェーデンの25歳から64歳の成人のうち、過去4週間以内に何かしらの教育や職業訓練を受けた人の割合は30.4％（2017年）であり、調査に参加したEU加盟国の中でトップである。大学までの学費が基本的に無償であることが経済的な障壁を下げていることはもちろん、デンマーク発祥の「市民大学」「民衆大学」と呼ばれる「フォルクフーグスコーラ（folkhögskola）」や移民のためのスウェーデン語学校（svenska för invandrare：SFI）などの多様な市民

★ 学習協会　Studieförbunden

【 設 立 】1903年「成人教育協会（Folkbildningsförbundet）」
　　　　　として設立。2015年に現在の名称に変更。

【 特 徴 】スタディサークルが登録する「学習支援協会
　　　　　（studieförbunden）」が加盟する全国組織。非
　　　　　営利フェレーニング。1991年設置の「民衆教育
　　　　　協議会（Folkbildningsrådet）」を構成する1組織。

【主な活動】（1）民衆教育の予算分配とそのフォローアップ
　　　　　（2）社会に民衆教育（folkbildning）の理念普及
　　　　　（3）スタディサークルの振興と質の担保

学　習　協　会
支援 ↓　　↑ 加盟
学 習 支 援 協 会 （10団体）
支援 ↓　　↑ 加盟
スタディサークル （30,000団体）

の受け皿となる教育の機会を提供でき
ていることも、成人の生涯学習の高さ
の理由のひとつとなっている。

　スウェーデンの成人の5分の1が
参加するスタディサークルには、仲間
内で発足したサークル（kamratcirkel）、
フェレーニングや団体などの一部とし
て発足したサークル（föreningscirkel）、
学習支援協会の提供しているプログ
ラム（annonscirkel）の3種類がある。
スタディサークルとフェレーニングは
大きな違いは学びを目的とした組織で
あるかどうかであり、フェレーニング
がスタディサークルを組織したり、ス
タディサークルからフェレーニングが
生まれたりすることはあるが、決して
同列の関係にあるとはいえない。

　スウェーデン社会におけるスタ
ディサークルの存在感は大きい。視察

時に必ず一度は耳にするのが、「スタ
ディサークルがスウェーデンの民主主
義の基盤になっている」という文言で
ある。この言葉の背景を解き明かすた
めに「学習協会（Studieförbunden）」
を紹介したい。学習協会は、全国に
10あるスタディサークルの加盟組織
である「学習支援協会」を取りまとめ、
政府との橋渡しをする「元締め」的な
組織である。

　この学習協会でアナリストとして
働くヨーラン・ヘルマンさんにスタ
ディサークルと民主主義について話を
伺った。

※Studieförbundenは、全国組織とその加盟組
織両方に使われる名称であるが、本書では便宜的
に全国組織を「学習協会」とし、個々のスタディ
サークルが直接加盟する組織を「学習支援協会」
とする。

スタディサークルが生まれた背景

ヨーラン　　スウェーデンで初めてできたスタディサークルは、1894年に設立された禁酒運動を目的とした「IOGT」です。スタディサークルは公教育を受けられる人が非常に少なかった時代に、禁酒運動、労働組合の運動などさまざまな運動から出てきました。最近では、環境保護の団体により立ち上げられたものもあります。

　スタディサークルの基本的な原理原則は、1人の先生が多数の生徒に教えるというフォーマルな教育方法とは異なり、民主的にお互いに学び合うことです。参加するすべての人が貢献し合います。この考え方が生まれた当時は、非常に急進的な考え方でしたが、フォーマルな学校教育にも取り入れられていきました。

　スタディサークルは、スウェーデンにおける民主主義の発展には欠かせないものです。2017年は、女性へ参政権が与えられて100年の節目だったのですが、女性が参政権を得たのもスタディサークルなどの運動があったからと考えます。なぜなら、スタディサークルのもうひとつの原理原則として、参加する人が誰であるか、どこの国の人で、何に所属するか、まったく関係ないからです。つまり、スタディサークルというのは民主的な参加のトレーニングの場なのです。

　スタディサークルは現在においてもとても人気のある学習形態となっています。全国290ある自治体すべてに存在し、3万団体に延べ180万人が参加しています。スウェーデンの人口は1千万人なので、非常に大きな数です。

　スウェーデンはABBAをはじめとするポップミュージックが有名ですが、

学習支援協会のひとつである「学習促進協会」(Studiefrämjandet)の施設。
スタディサークルを民主的に運営するための研修の場として用意された
音楽スタジオ（左）とダイニングルーム（右）。

そういうアーティストのグループも大体昔はスタディサークルをやっていて、そこから成功していったようです。また、学校を辞めた人たちの受け皿にもなっています。まずはやってみたいことを始められる場となればよいと考えられています。スウェーデン中どこでもスタディサークルができることは大きなポイントです。それこそ過疎化の進む村であっても誰もがどこでも学ぶことができるのはスタディサークルという仕組みのおかげです。

移民や若者の社会参画をも担う

ヨーラン　　近年ではスタディサークルは移民問題と向き合っています。スウェーデンは移民や難民を多く受け入れているので、スウェーデンの社会に言語の壁があったりして馴染めてない人たちが多くいます。そういう人たちへの支援も行なうのがスタディサークルです。スウェーデン語や文化を学ぶサークルはもちろん、伝統的な家族の考え方など、例えば中東での家族のあり方や母親の役割はスウェーデンの考え方と全然違うので、文化的な差異によって生じる葛藤などを尊重しつつ解消していくための場を提供しています。

スタディサークルは移民が多い地域でも盛んです。例えば、ユースセンターや余暇活動施設にいろいろな若者が来ます。地元の若者もいれば移民や難民の若者も来ます。一緒に

ヨーランさん

音楽活動やスポーツなどをしてどんどんつながっていく中で、スウェーデン語があまり上手くない若者がいたら、「スタディサークルというのがあるから、そこで一緒に勉強しない？」という感じで誘い合ったりしてスタディサークルに参加します。とくに難民の人たちは紛争で抑圧されてきた背景があるので「政府」への信頼感がありません。政府組織ではないユースセンターやスタディサークルが担う役割は大きいものがあります。

つまり、スタディサークルはインフラを整えることをやっていて、それ自体が必要だということを人々が認識しています。いまやスウェーデン社会になくてはならない存在です。場所の提供、財源の支援、組織運営への中間支援など、十分なバックアップを受けることで、人々が自発的に何かをするという環境が生まれ、学びを深めた市民は結果的に社会への参加が促され、民主主義の発展につながっています。

　財源としては、各スタディサークルの予算の６割が国と地方自治体から交付されます。残りの４割は、勉強会の参加費など、それぞれのスタディサークルが捻出しています。活動内容によってはさらに助成金が付くこともありますし、EUが支援する場合もあります。全国３万にも上るスタディサークルがそれぞれに所属する全国組織の「学習協会」にも助成金が交付されます。その配分を決めるのは「民衆教育諮問委員会（Folkbildningsrådet）」です。どの学習協会にいくら配分されるのかの基準は、加盟人数や支部数など数値的なものです。団体の考え方や、主義・信条で決めたりはしません。

　政府から学習協会への要請は４つあります。１つ目が民主主義を発展させ、強化すること。２つ目は教育の質を高めること。３つ目は人々をエンパワメントして社会参画を促していくこと。４つ目が文化的な活動を人々の中に広めていくこと、です。要請といっても、その達成方法や活動内容の規制はありません。

安定した運営で育まれる民主主義

　多くの人が複数のスタディサークルに所属したり、他のボランティア活動などにも携わっています。スタディサークルとボランティア活動の関係は、スタディサークルのインフラがあるからボランティア活動が活発になるとも、ボランティア活動があるからスタディサークルも活発になるとも言われます。いずれにせよ両者は切り離せません。このところのトレンドとして共通なのは、何かキャンペーンをしたりムーブメントを起こしたいとなったとき、これまではまずは人を集めてみんなでフィーカをしながら話し合って…という具合にスタートしていましたが、今はSNS上でグループを立ち上げて、パッと始めてパッと消えるという活動が見られるようになりました。

　スタディサークルとボランティア活動の一番大きな違いは、スタディサークルの方が安定的な財源があることです。スウェーデン、ノルウェー、フィンランド、デンマークにスタディサークルがありますが、とくにスウェーデンがお金をちゃんと付けています。基盤があることで、スタディサークル自体がよりオーガニック（手作り、地に足着いたもの）なものになり、運営もより民主主義的な方法を実現できると感じています。

2018年6月に訪問した際の記録をもとに作成

第 6 章

スウェーデンの若者が
社会参画する意味

1

なぜスウェーデンの若者は社会に参画するのか
～社会参画を支える4つのエッセンス～

　なぜスウェーデンの若者は社会に参画するのだろうか？　これは、私自身が初めてスウェーデンに訪問したときから考え続けてきた問いであり、この本で正面から向き合ってきた問いである。この章ではこれまで整理してきたスウェーデンの事例から導き出される、若者の社会参画の真髄をまとめたい。

✛ 1．多様な活動の場がある

　まず、スウェーデンでは若者の時期に学校や地域における活動の場が多様に存在している。いずれも出身や経済状況にほとんど左右されない。図6-1は、スウェーデンにおける、おおよそ0歳から25歳の間（縦軸）での若者の活動の場を表した図である。横軸は活動の場を示し右側に「学校」を、左側には「地域」を配置しており、左へ行くほどに学校の外での地域性や余暇の色合いが強いということを意味している。

　学校側には、これまで紹介した生徒会、クラス会議、給食協議会が配置される（第3章参照）。左側の地域にあるのはユースセンターで、中央に位置するのが若者団体である。若者団体が学校側にもかかっているのは生徒組合や生徒会協議会、大学の学生組合、政党青年部など、学校を活動の場の一部としている若者団体も含まれるからである。また、若者団体の存在感がユースセンターと比して大きいのは、若者団体に所属する若者が6〜7割、ユースセンターを利用する若者が2割程度である実態を反映しているからである。

　スタディサークル（第5章）やフェレーニング（第2章）、「民衆大学」「フォル

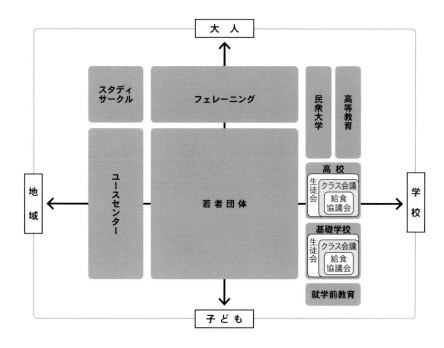

図6-1　スウェーデンの若者の活動の場

ク」と呼ばれるデンマークが発祥の「フォルクヘーグスコーラ（folkhögskola）」
は、大人の活動の場として上部に配置される。それらの活動へ橋渡ししている
のが若者期の多様な活動の場なのである。

2．若者が社会に影響を与える「参画」の機会の提供

　次に、若者が社会に影響を与える「参画」の場やそれを可能とする制度が存在
していることである。上述したさまざまな場における若者の活動の一環の場合
もあれば、活動そのものが社会に影響を与えることを志向している場合もある。
例えば、地域レベルの若者協議会や政党青年部、全国レベルの全国若者協議会
（SUR）や全国若者団体協議会（LSU）は、活動自体が若者の社会への影響力を

高めることを目的にしている。学校においては、給食協議会やクラス会議が生徒にとっての身近な事柄を決定する場として機能し、生徒会は学校の方針に、生徒組合は学校および社会に影響を与える場となっている。

　もちろん、社会に若者の影響を与えることが主目的ではない余暇活動のための若者団体やユースセンターにおいても、「参画」が重視されることに変わりはない。出身、性別、属性、年齢、そして役割や立場によって個人が差別されることのない空間を保障し、フラットな人間関係の中で生まれる対話が基本的なコミュニケーションとなる。若者の声は集約され、職員や関係機関が受け止める。物事が変わる場合もあれば、そうでない場合もあるが、必ず何かしらの反応が示されるので「自分の声が聴かれた」という感覚が生まれ、自分の一声は無駄ではなく「社会が自分を必要としている」首尾一貫感覚（SOC）（第4章3節参照）をもたらす。それによって、他の場面でも声をあげることが当たり前となっていき、「参画」の連鎖反応が起きていく。

　鍵となるのは、若者の声を聴き、活かそうとする「参画」の場が、当事者不在のままに勝手につくり出されないことだ。若者が直接、あるいは若者団体やユースセンターを通じて参画するのである。政府機関と若者が対等な関係にあり、大人主導の単なる「ガス抜き」としての「若者の意見聴取の場」へと成り下がることもない。さらには若者政策の当事者であり専門家である若者を、市民社会づくりのパートナーとして意思決定過程に巻き込むことが法的にも制度的にも位置付けられている。このようにして、若者の「参画」が社会的に「当たり前」となっているからこそ、参画の場はより機能するのである。

🞧 3. 資源の投入（資金・機会・空間・職員・機関・法制度）

　そして3つ目が、若者の活動の場や参画の場に十分な資源が投じられていることである。資源とは、若者団体の活動に付ける助成金（第2章5節）であったり、若者団体からの声を聴く機会としての若者政策審議会（第5章2節）を設けることなどである。あるいは、ユースセンター（第4章）という余暇活動のための空間の整備であったり、それを支える余暇リーダーなどの職員（第4章2節）の配備なども当てはまる。それらを全面的に下支えするスウェーデン若者・市

民社会庁（第5章1節）や子どもオンブズマン（第5章インタビュー4）などの公的な機関や若者政策などの法制度なしには、資源の投入は不可能であることは言うまでもない。

🌐 4.「若者は社会のリソース」であるという若者観の普及

　最後が、「若者は社会のリソース」であるという若者観である。若者を市民社会づくりのパートナーとみなし、若者関連の施策に十分な資源が割かれるのは、若者政策の発展の歴史において、若者と若者政策、ひいては若者と大人社会との間の「権力関係」が刷新され続けてきたからである。スウェーデンも若者政策の萌芽期には、若者のことを「社会問題」とみなしており、大人や専門家が考えた政策によって若者を「正す」というアプローチを取っていた。しかしその後、若者の余暇の時間に若者本人ではない「大人」が余暇を主導するやり方に疑問が投げかけられたことによって、パターナリズムとも取れるこの若者観が改められることとなった。以降、若者による若者のための余暇の空間・時間・活動を保障するためにユースセンターなどの設置が進み、「若者を社会の問題ではなくリソースとみなす」という理念が国の若者政策に位置付けられ、若者団体への助成金の交付が政策的に発展していった。この一連の変遷の底流にあるものは、若者と大人の間に生じる構造的な「権力関係」を組み替えて、若者を若者政策、ひいては市民社会のつくり手の「主体」として捉え直して生まれた信頼である。

　以上の4つが相互に影響を与え合い循環することで、スウェーデンでは若者の活動が促進され、社会参画が当たり前となるのである。その結果、スウェーデンの若者の選挙投票率は8割を超え、署名・請願活動も盛んで、若手の政治家も生まれることに結実しているのではないだろうか。

2

若者の本質的な生き方を可能とする若者政策とは

　若者の社会参画を可能とする大前提として、若者政策の整備が欠かせない。若者政策は若者期を保障し、若者期を価値あるものにする目的を持つ。これまで記したスウェーデンの若者政策を整理すると、3つのポイントが見えてくる。

⊕ 仕事とも学校でもない「余暇」の存在

　1つ目のポイントは、余暇（fritid）である。自由な時間を意味する「fritid」は、スウェーデン社会では圧倒的な存在である。それは、スウェーデンと日本の社会人（男性）の帰宅時間を比較した2004年の内閣府調査からも見て取れる。同調査によると、スウェーデン（ストックホルム）では17時頃までに帰宅している人が半数である一方、日本（東京）は20時以降の帰宅者が6割を超えている。早い帰宅時間は、余暇の時間に充てることができる可処分時間の多さを表している。この調査は2000年代前半のものであるが、2020年のOECDによる国際調査「より良い暮らし指標（Better Life Index）」における「ワークライフバランス」の指標において、スウェーデンが全体（40か国中）で7位、日本が35位であることから、現在でもさほど状況は変わっていないと考えられる。この余暇の時間に、大人はスタディサークルやフェレーニングを、そして若者は若者団体の活動やユースセンターの訪問をするのである。

　とりわけ若者にとっての「余暇（fritid）」は、若者と社会にとって不可欠なものという認識が共有されている。そのうえで、スウェーデンにおいては余暇を単なる気休めや消費行動的な「レジャー」に留めてほしくないという期待が若者政策に垣間見られる。実際に、スウェーデン若者・市民社会庁は「若者にとって

の余暇」を「学校および就労以外の時間」と定義し、若者政策の一領域として「余
暇」を他領域とは明確に切り離している。さらに、若者の余暇に関わるあらゆる
施策については「若者と社会の両方にとって重要なもの」として若者の余暇活動
の本来的な価値を認めている。

　そしてスウェーデンのユースワーカーは「余暇リーダー」という肩書きを持
ち、「余暇センター」でOLA（Open Leisure Activity）の理念に則り、ユースワー
クを行なうのである。学校とも労働とも距離を置いた「余暇」が若者政策の１つ
の柱であることは、スウェーデンのユースワークが特定の困難を抱えた若者だ
けを対象にしない「ユニバーサル」なユースワークであり、それが成立するのは
「若者の余暇の保障」がスウェーデンのユースワークの中心に位置付けられてい
るからである。スウェーデンのユースワークは若者の余暇の「ガーディアン（守
護神）」なのである。

　若者にとっての余暇とは、学校教育や労働、家事などの社会的な要請や生活
上の必要性からやらざるを得ない活動ではない。自らの興味に基づく、楽しみ
や自己表現のための時間および行動である。解放された「自分の時間」は誰にも
強要されず、そもそも目的を持つ必要もない。だからこそ内なる真の動機と向
き合うこともできるし、素晴らしいアイデアが舞い下りたりする。そこから若
者団体やユースセンターでの活動が始まることもあるし、新たな人生の道筋が
開けていくこともある。余暇の時間はそれ自体が自己充足的であり、普段の生
活を、ひいては人生を価値あるものとしてくれる。このような「余暇観」を有し
ているからこそスウェーデンの若者政策は、一見「無駄」とも言える余暇という
時間を意図的に保障しているのである。

若者期の選択肢の広がり

　２つ目のポイントが、若者期の選択枝の広がりである。スウェーデンの若者
は、学校教育や余暇活動において経済的な自己負担をほとんどする必要がなく、
「人生の平等なスタート」を切ることができる。大学まで学費が無償であること、
奨学金や児童手当が充実していること、医療費が若年期まで無料であり、さら
には学割や若者割引が広く使えたり、学生優先で格安の学生アパートが借りる

ことができる。基本的な生活保障に加えて新たな就労や就学の扉は常に誰に対しても開かれている。京都大学こころの未来研究センターの広井良典氏の言葉で言うならば、失業、貧困に陥るリスクを抑えるための「人生前半期の共通のスタートライン」の確保が実現されている。

　スウェーデンの若者は日本の若者に比べて圧倒的なキャリアのゆとりと選択肢がある。高校卒直後の大学進学者が13.7％しかおらず（第1章2節）、大学への入学平均年齢が24.5歳と、キャリア形成にかける時間にゆとりがある。日本のように18歳で高校を卒業し、すぐに大学へ進学し、22歳で新卒で働く若者というのは、スウェーデンではマイノリティなのである。このような柔軟な生き方を可能とする社会保障をスウェーデンの経済学者であるレーン・メイドナーは「翼の保障」と称したが、これが若者の人生の多様な選択肢を広げているのである。何歳になったらこうあるべしという年齢主義的な社会規範もほとんどなく、あらゆる人が人生の選択肢を自己決定できることで、多様な経験や生き方が可能なのである。

✥ 社会全体の消費化の抑制のための市民社会への投資

　「余暇」と「選択肢の広がり」の保障に加えておきたいのが、若者政策や若者団体を含む「市民社会」への手厚い投資の重要性である。スウェーデンの若者政策が、若者団体に公的な助成金を交付するきっかけをつくったのは、消費主義の若者への影響に警鐘を鳴らした1981年の政府報告書『Ej till Salu』（消費主義にNoを）である（第5章3節参照）。若者に消費者マインドが広がることで、各々の人生の形成者としての意識が薄れてしまうことや余暇活動施設における職員の過剰なサービス意識が、職員と若者の関係性の固定化を招き、若者の主体性を削ぎ、若者の参画が薄れることが危惧された。本格的に若者団体へ助成金の交付をし始めたのは、1993年のスウェーデン初の国レベルの若者政策法が施行されたときからである。1990年代後半から2010年にかけて、子ども・若者団体への助成金が倍近く増額しているのは、この若者政策法が影響している。2013年に発行された政府の報告書である『Unga med attityd 2013（若者の姿勢・傾向）』においては、過去2年間で助成金を受けて活動をしている若者団体

が100を超えたことが報告されている。加えて、スウェーデン若者・市民社会庁の交付する助成金以外にも、各自治体レベル、EUや欧州評議会などの助成金も活用できることも忘れてはならない。市民社会への手厚い投資は、社会全体の消費化を抑えて、若者団体を含む市民社会全体を活性化するために不可欠な保障なのである。

　本章1節で記したスウェーデンの若者の社会参画の4つのエッセンスと、若者期の保障をする若者政策の3つのポイントの関係を表したのが、図6-2の「若者の社会参画の曼荼羅」である。

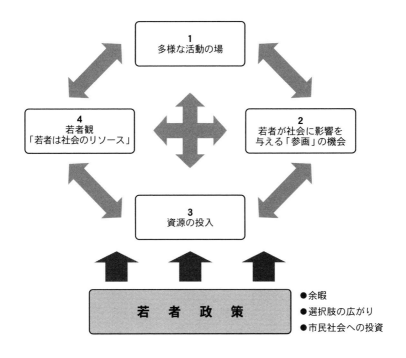

図6-2　若者の社会参画の曼荼羅

Column 7

消費主義が社会への弊害となる理由

　若者団体を含む、「市民社会」へ投資することがなぜ、消費主義拡大のためのひとつの対抗策となるのであろうか。そもそも人や社会の「消費主義化」は何をもたらすのであろうか。そのような問いに対して、ステファーノ・バルトリーニが著した『幸せのマニフェスト —消費社会から関係の豊かな社会へ』（2018）は良いヒントを与えてくれる。バルトリーニは、教育、都市計画、余暇、メディアなどのあらゆる社会の側面において消費主義の過剰な広がりによってどう社会が蝕まれ、人々の関係性が貧困に陥ったのかを本書で指摘した。さらに消費主義に走る人の「幸福度が低い」「ストレスがある」「精神疾患に罹る確率が高い」「テレビをよく見る」「アルコール・薬物を多用する」という傾向を分析した。

　そのうえで、消費主義の拡大は人と人の関係性にも影響を与えるという。他人を「モノ扱い」する人が増えれば、関係性の貧困化を招き、結果的に必要なときに頼れるネットワークの中に自分がいない状態になる。「消費するゆえに我あり」と、自分のアイデンティティすらも消費に立脚してしまう。かつて無償だったものも「サービス化」され、手にしないと「不幸」になるような刷り込みが起きる、というのである。これはスウェーデンの若者の消費化に

警鐘を鳴らした1981年の政府報告書の問題意識と酷似していないだろうか。裏付けるように、バルトリーニは同書で消費主義拡大のためのひとつの具体策としてスウェーデンの「公衆に対する有線通信法（Lag（1991：2027）om kabelsändningar till allmänheten）」を挙げている。1991年に制定された12歳以下の子どもを対象にしたテレビ広告を全面的に禁止する国内法である。

　財政学者の神野直彦氏（2015）は、民主主義の機能不全と重化学工業化によって導かれた大量消費社会のアンバランスを克服する手段に、「参画型社会」の実現による民主主義の活性化の必要性をこう唱える。「市場社会は、市場と民主主義を車の両輪としている。しかし現在は、市場が膨張し、市場と民主主義のバランスが崩れている。膨張した市場とバランスを取ろうとすれば、民主主義を活性化せざるを得ない」。これは家族やコミュニティの人間関係を磨り潰してしまう「悪魔のひき臼」と市場経済をたとえたカール・ポランニーの問題意識（1944）と重なる。

　時を同じくして、スウェーデン政府が市場経済の肥大化による消費主義の拡大と若者への影響を憂慮し、市民社会への基盤強化のために若者団体の助成金事業を始めたのは、偶然の産物とは思えない。

182

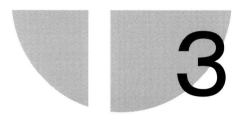

日本の現場に欠けているたったひとつのこと、民主主義

⊕「主体性の高さ」だけでなく

　日本の教育や子ども・若者支援の実践とスウェーデンのそれとを比較したときの、もっとも大きな違いは何だろうか。日本の現場でも若者の主体性が高い取り組みがないわけではないし、スウェーデンの「カオス」なユースセンターへ行くと、静かで平和な日本のユースセンターの方がマシだと思ったこともある。ノンフォーマルな現場では、スウェーデンでも日本でもさまざまな実践が多種多様に展開されており、一概にひとつの国の実践を称賛することもできない。

　しかし、そのような前提を踏まえてもスウェーデンと日本には決定的な違いがある。それは「民主主義」である。私は大学生の時からユースワーク活動を実践しながら研究し、さまざまな取り組みを見聞きしてきたが、日本国内のユースワークの現場または若者政策で「民主主義」という言葉をほとんど見たことがない。対照的にスウェーデンでこれまで訪問した、学校、若者団体、ユースセンター、省庁、自治体、スタディサークル、フェレーニングなどの現場で「民主主義（democracy）」という言葉を聞かなかったことは一度もない。民主主義が、理念として掲げられているだけでなく、それが高い投票率や社会参加の意識へと結実しているのは、若者の現場だけでなく社会のあらゆる側面で民主主義が意識され、取り組まれている結果なのではないだろうか。前述したスウェーデンの若者の社会参画の４つのエッセンスも、社会参画を保障する若者政策の３つのポイントも、すべてが目指しているのは「民主主義」なのである。

　図6-3は、縦軸を「主体性」、横軸を「民主性」とした２軸のマトリックスである。これまでのスウェーデンの取り組みや日本の事例を当てはめてみると、

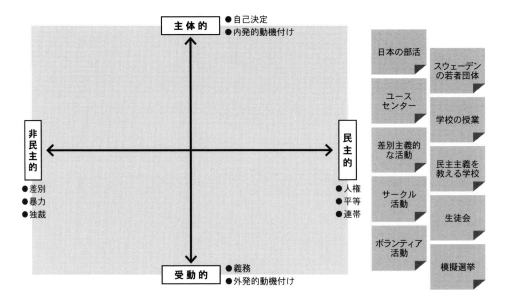

図6-3　主体性と民主性のマトリクス

どのようになるであろうか。その実践は、若者の「主体性」が高くても、「民主的」ではない取り組みとなっていないだろうか。あるいは反対に、民主主義を意識した取り組みではあっても、参加者の主体性が低い取り組みになっていないだろうか。

スウェーデンの若者の考える「民主主義」とは

　ではこの「民主主義」という言葉を、日本の私たちはどのように理解したらよいだろうか。それも若者の社会参画という文脈において。この難しい問いにウプサラ市に住むスウェーデンの若者、ベンジャミンさん（当時19歳）が回答することはそんなに難しそうではなかった。

　ウプサラ市は、ストックホルム市から約70キロ北に位置する人口約17万人ほどの小都市。中心街と郊外の境目に位置するユースセンターを訪ねたことが

あった。入口脇の立て看板には「若者による若者ためのユースセンター」とモットーが書かれていた。

「ウプサラ若者の家（Ungdomens Hus i Uppsala）」と称するこのユースセンターは、高校を卒業したばかりのベンジャミンさんを代表とする若者団体によって運営されていた。利用するには約600円の年会費を払う必要があるが、毎年450人近くが会員となっている。利用者は高校生世代の16〜18歳がもっとも多く、会員になると総会での発言権が与えられ、他にも施設内のカフェの割引などが利用できるようになる。総会は年に一度開かれ、月2回の定例会では施設の方針や企画を練る。音楽、ゲーム、アート、健康、自転車をテーマにしたグループがあり、各グループには年間約6万円の予算が割り当てられ活動が展開されている。

ウプサラ若者の家の最大の特徴は、モットーにあるように、若者による運営を徹底している点であった。実際に、専門職である余暇リーダーを雇うことなく、カフェや経理のスタッフをパートで雇うだけで若者が施設を運営していたのだ。訪れてみると、手荒で、落書きが多い粗雑なユースセンターだが、大人はほとんどいない、文字通り「若者による若者の家」を実現しているユースセンターとなっていた。そんな施設を運営するベンジャミンさんにとって「民主主義」とは何を意味するのか聞いてみた。

Q あなたにとって民主主義とは何ですか？
ベンジャミンさん
　　自分の声を届かせることができて、影響を与えられることです。
Q それが大事なのはなぜですか？
ベンジャミンさん
　　なぜ大事なのかというと、それが生きがい、つまり「生きる目的」だからです。社会がずっとより良くなっていくためには変化が必要で、変化するためにはいろいろな人がいろいろなことを考えます。たくさんのことを考える人もいれば、少ししか考えない人もいます。しかし考える人が少なくては、いい社会にはなりません。多くの人の考え方が反映される方がいい社会になると思います。

ウプサラ若者の家。　　　　　　　　　　　運営団体の代表のベンジャミン（当時19歳）。
その日はタコスパーティーが開かれていた。　　　　　若者の家の事務室にて。

　ベンジャミンさんの言葉は、これまで本書で示してきたスウェーデンの若者
の社会参画の実践と政策と理念、そのすべてを表す回答であった。ベンジャミ
ンさんがこのように簡潔にわかりやすく、借り物でない自分の言葉で民主主義
を語ることができたのは、民主主義に価値を置くスウェーデン社会に生き、「若
者の家」を運営する中で等身大の民主主義を実践して、その意義を身体で理解
したからだろう。

✦ あらゆる人が参画する社会へ

　ベンジャミンさんが、若者だけでなく「多くの人の考えが反映される社会」と
回答していたことは、社会への影響力を高める主体は何も若者に限った話では
ないということを教えてくれる。社会に住むあらゆる人が参画できる民主的な
社会を想定しているのである。スウェーデンの若者政策は、若者が他の世代と
比べて「困難な状況にある若者を支援する」というよりも、あらゆる特質や属性
を持つすべての人が参画できる市民社会をつくっていくという普遍的な方針の
一端である。
　それを裏付けるのが、差別禁止法（Diskrimineringslagen）の存在である。ス
ウェーデンには、子どもオンブズマン（第5章インタビュー4参照）の他にも
「差別オンブズマン（Diskrimineringsombudsmannen）」が設置されている。差
別禁止法に基づき、社会のあらゆるシーンで以下の理由による差別が起きない

ように、啓発や調査、政策提言などをしている。

● 性別
● 性自認・性表現
● 民族・人種
● 宗教やその他の思想・信条
● 障害
● 性的指向
● 年齢

　日本で差別禁止の対象として想定されるのは、国籍や民族や性別、障害、そして最近ではLGBTQ＋などのセクシャルマイノリティーなどである。しかし、スウェーデンでは、年齢による差別、いわゆる「エイジズム」も禁止対象としている。「若いから」「年寄りだから」という差別を、法的に禁じることで年齢による過度な「規範意識」の形成に歯止めをかけている。つまり、スウェーデンには、若者世代に限らず、あらゆる多様性を認め、いかなる人も参画できる市民社会をつくるという強い意思があるのだ。

　スウェーデンのように民主主義を理解すると、若者の社会参画とは、単に若者の経済的な自立を促すためでも、知識量を増やすためでも、自尊心を高めるためでもないないということに気付かされる。若者の社会参画を促すことは、あらゆる人が参画する社会をつくる「民主主義」を実現することそのもので、それ自体が価値であり理念なのである。それは単に将来大人になるときのための「練習の機会」として若者に提供するものでもない。今、この瞬間に若者が参画していることが民主主義をつくることなのである。そして、それが私たち社会を生きるものの「生きがい」であり「生きる目的」であってよいのだということを、あの日ベンジャミンさんは教えてくれた。

社会をつなぐ第三セクターのあり方

スウェーデンにおける「市民社会」を理解するのに避けては通れないのが「福祉トライアングルにおける第三セクター」である。「ペストフの三角形」と呼ばれるこのトライアングルは、第一セクターを「国家」、第二セクターを「市場」、第三セクターを「アソシエーション（市民社会）」、第四セクターを家族や世帯などの「コミュニティ」と分類している。第三セクター（市民社会）を三角形の中心に、その他のセクターを三角形の頂点に配置した図は、国家、市場、コミュニティがカバーしていない中心の領域を担う第三セクター（市民社会）の役割と存在意義への期待を表しており、提唱者のビクトル・ペストフ（スウェーデンの政治経済学者）にちなんで、名付けられた（図6-4）。

スウェーデンにおいて第三セクターは、19世紀末から興隆した民衆運動を起源としている。1980年代には保育サービスを提供する協同組合や重度障害者の自立協同組合がパブリックセクターの財源で運営されるようになり、1990年代には労働組合員から構成される労働者協同組合があらゆる福祉サービスを提供するようになった。このようにして国家（公共機関）による公的サービスを、第三セクターが実質的なサービス供給者として、機能している。

今日のスウェーデンにおいては、第三セクターの主体には、フェレーニングや協同組合、スタディサークル、そして若者団体などが当てはまり、これらの組織が市民社会を構成している。これを可能としているのは、バックアップをする公的機関の政策や、公共施設、専門職員やふんだんな助成金、そして基盤となる民主主義と人権保障の理念である。

要となっているのは、これらの組織が「自発的」に構成されている点である。戦後、先進国間で重化学工業化が進む中で、市場社会の肥大化の抑制と、所得の再分配による社会保障の役割を担ったのが大きな政府を基盤とする「福祉国家」であった。しかし、先進国が脱成長フェーズに達すると、グローバリゼーションの影響下、前提としていた経済体制が崩れていき、中央集権的な「福祉国家」は十分な公的サービスを国民に提供をすることが困難になり、福祉

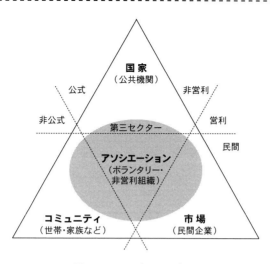

図6-4　ペストフの三角形

国家は国民から「遠い」存在となってしまった。神野直彦氏はこの状態を、国民から「遠い」政府による「参画」なき所得再分配国家と揶揄している。つまり、先の見通せない不確実性の高い現代は、公的サービスの担い手を、公共機関のみに委ねることに限界を迎えたのである。ゆえに、非営利団体などの市民による自発的な組織は、国民自らの市民社会の実現を促しながらも、公的サービスが担うことができない小回りの利く公的サービスを提供する役割を担ったのである。

日本でも市民活動や非営利団体、社会的企業が成長し、市民や民間セクターが「公助」を担う動きはあるが、それらを支える公的なリソース（財源や法制度、権限など）があまりにも乏しいと言わざるを得ない。それは「公助（ほぼ）なき自助・共助社会」であり、第三セクターは収益化による経済的な自立が構造的に促され、北欧ではタブー視される公的サービスの利用料徴収や市場化に疑問を呈すことなどほぼない状況となっている。

日本からスウェーデンの若者支援の現場視察に同行すると、しばし「運営資金の確保」が話題にあがる。しかしスウェーデンの場合、多くの現場が「公設民営」であり、利用者から費用をとらないで運営をしている。そのことにショックを受けて帰国する日本人は多い。

参考文献一覧

第1章

◆ 森川潤「嵐に EXILE、少女時代…スウェーデン音楽家が世界の作曲を牛耳る理由 」、『週刊ダイヤモンド』特別レポート、ダイヤモンド・オンライン、2015、https://diamond.jp/articles/-/68388

◆ 湯元健治、佐藤吉宗『スウェーデン・パラドックス』日本経済新聞出版社、2010

◆ 北岡孝義『スウェーデンはなぜ強いのか』PHP研究所、2010

◆ マイケル・ブース（黒田眞知訳）『限りなく完璧に近い人々 ─なぜ北欧の暮らしは世界一幸せなのか？』角川書店、2016

◆ 岡沢憲芙『スウェーデンの挑戦』岩波書店、1991

◆ The Local Sweden, Swedish kids test better in English than Swedish, The Local Sweden, 2013, https://www.thelocal.se/20131014/50768/

◆ Statistiska Centralbyrån, Så Lever Unga i Sverige, Fakta Om Ungas Liv, http://www.scb.se/hitta-statistik/artiklar/2018/unga-i-sverige/（アクセス日＝2019.5.1）

◆ Statistikmyndigheten SCB Statistikdatabasen, Valdeltagande i riksdags-, region- och kommunfullmäktigval efter region. Valår 1973-2018, 2015.3, http://www.statistikdatabasen.scb.se/pxweb/sv/ssd/START__ME__ME0104__ME0104D/

◆ Sveriges Radio, Allt färre pluggar vidare direkt efter gymnasiet, Nyheter (Ekot), 2016.9, https://sverigesradio.se/sida/artikel.aspx?programid=83&artikel=6509266

◆ OECD, Education at a Glance 2019, Average age of new entrants by level of education p197 Figure B4.2, 2019, https://doi.org/10.1787/f8d7880d-en

◆ 川崎一彦、澤野由紀子、鈴木賢志、西浦和樹、アールベリエル松井久子『みんなの教育 ─スウェーデンの「人を育てる」国家戦略』ミツイパブリッシング、2018

◆ Sjö Fabian, Ingrid Bohlin, Ung idag 2016, Myndigheten för ungdoms- och civilsamhällesfrågor, 2016, https://www.mucf.se/publikationer/ung-idag-2016

◆ Myndigheten för ungdoms- och civilsamhällesfrågor, Ung idag, https://www.ungidag.se/

◆ Inglehart, R., C. Haerpfer, A. Moreno, C. Welzel, K. Kizilova, J. Diez-Medrano, M. Lagos, P Norris, E. Ponarin & B. Puranen et al. (eds.). 2014. World Values Survey: All Rounds - Country-Pooled Datafile Version: https://www.worldvaluessurvey.org/WVSDocumentationWVL.jsp Madrid: JD Systems Institute.

◆ 総務省「年齢別投票者数調　令和元年7月21日執行　参議院議員通常選挙　発表資料」、https://www.soumu.go.jp/senkyo/25sansokuhou/index.html

第2章

◆ Skatteverket, Villkor för att vara en allmännyttig ideell förening, https://www.skatteverket.se/foretagochorganisationer/foreningar/ideellforening/villkorforattvaraenallmannyttigideellforening.4.70ac421612e2a997f85800029958.html（アクセス日＝2021.5.7）

◆ Myndigheten för ungdoms- och civilsamhällesfrågor, Fokus 14 ungas fritid och organisering, p150, 2014, http://www.mucf.se/publikationer/fokus-14-om-ungas-fritid-och-organisering

◆ Statistiska Centralbyrån, Civila samhällets bidrag till BNP var 3, 1 procent, 2019.12, https://www.scb.se/hitta-statistik/statistik-efter-amne/naringsverksamhet/naringslivets-struktur/civila-samhallet/pong/statistiknyhet/det-civila-samhallet-2016/

◆ LSU - Sveriges ungdomsorganisationer, Uris2019, 2019, https://lsu.se/wp-content/uploads/2019/11/Uris2019.pdf

◆ LSU - Sveriges Ungdomsorganisationer, Ungdomsrörelsen i siffror, 2015, http://xn--

dubblastdet-yfb.se/wp-content/uploads/2015/05/ungdomsrorelsenisiffror_redigerad.pdf

◆ Myndigheten för ungdoms- och civilsamhällesfrågor, Bidrag-Organisationsbidrag, Projektbidrag, EU-bidrag, https://www.mucf.se/bidrag

◆ Sverok, Om Sverok - SVEROK SPELHOBBYFÖRBUNDET, https://sverok.se/om-sverok/

第3章

◆ Forsberg Eva, Lundgren Ulf P, A Welfare State in Transition. Balancing change and tradition in global education reform, p181, 2010

◆ Carnoy Martin, National Voucher Plans in Chile and Sweden: Did Privatization Reforms Make for Better Education? Comparative Education Review, 42(3), p309-337, 1998, https://doi.org/10.1086/447510

◆ Daun Holger, Educational Restructuring in the Context of Globalization and National Policy, Psychology Press, 2002

◆ Hinnerich Björn Tyrefors, Vlachos Jonas, The impact of upper-secondary voucher school attendance on student achievement, Swedish evidence using external and internal evaluations, Labour Economics, 47, p1-14, 2017, https://doi.org/10.1016/j.labeco.2017.03.009

◆ 林寛平「社会統合か社会分離か 学力論議に揺れる政治と社会 スウェーデン」、佐藤学、澤野由紀子、北村友人『揺れるる世界の学力マップ―未来への学力と日本の教育』明石書店、2009

◆ 中田麗子「第3章 日常の風景 増える学校の特別食」、北欧教育研究会『北欧の教育最前線―市民社会をつくる子育てと学び』明石書店、2021年

◆ Livsmedelsverket, Bra måltider i skolan, Råd för förskoleklass, grundskola, gymnasieskola och fritidshem, Uppsala: Livsmedelsverket, p5, 2019.4

◆ 佐藤麻里子「スウェーデンの学校教育における＜主体性と発信力＞育成―＜影響力の発揮＞というキーワードに着目して」、『教育学研究年報』27号、p45-66、2008

◆ 特定非営利活動法人Rights「スウェーデンスタディーツアー報告書」、2010、http://rights.or.jp/archives/200

◆ Swedish Institute, Education in Sweden, 2021.6, https://sweden.se/society/education-in-sweden/

◆ ル・モンド・ディプロマティーク日本語版「学校の民営化、スウェーデンの大失敗」、2019年2月、https://jpmondediplo.com/2019/02/article977.html

◆ Sveriges Elevkårer https://sverigeselevkarer.se/

◆ Elevernas Riksförbund https://elevernasriksforbund.se/

◆ Skolval 2018 - en chans att undersöka demokratin https://skolval2018.se/

◆ Sverok, Rollspel: Rådet - SVEROKS WEBBSHOP https://shopsverok.se/produkt/rollspel-radet/

◆ スウェーデン若者・市民社会庁（両角達平、佐藤良子、嶋田いずみ訳）『政治について話そう！―スウェーデンの学校における主権者教育の方法と考え方』アルパカ合同会社、2021

◆ Skolverket, Läroplan för grundskolan, förskoleklassen och fritidshemmet REVIDERAD 2019, 2019, https://www.skolverket.se/getFile?file=4206

◆ Österberg Emma, Elever blockerar gymnasium för SDU, Dagens Nyheter, 2014.3, http://www.dn.se/sthlm/elever-blockerar-gymnasium-for-sdu/

◆ 両角達平「スウェーデンの学校の＜民主主義のミッション＞」、『教育』897号（特集 不自由を乗り越える教育の可能性）、p39-43、2020

第 4 章

◆ Regeringen, Regeringens strategi för ungdomspolitiken, 2009, http://www.regeringen.se/rattsdokument/skrivelse/2009/10/skr.-20091053/

◆ The Swedish National Board for Youth Affairs, Fokus 10 english Ananalysis of youth influence, p60, 2011, https://www.mucf.se/publikationer/fokus-10-english

◆ Ungdomsstyrelsen, Lika olika som lika, 2009, https://www.mucf.se/sites/default/files/publikationer_uploads/lika-olika-som-lika.pdf

◆ Myndigheten för ungdoms- och civilsamhällesfrågor, Kartläggning av öppen fritidsverksamhet - En nationell bild och faktorer som påverkar deltagande, p88, 2016, https://www.mucf.se/publikationer/kartlaggning-av-oppen-fritidsverksamhet

◆ 松田弥花、スウェーデンにおける子ども・若者を対象としたアウトリーチ事業「フィールドワーカー」に着目して（子ども・若者支援と社会教育）―（子ども・若者支援における専門性と専門職養成の視点）、『日本の社会教育』61、p124-133、2017.9

◆ Statistiska Centralbyrån, Lönesök - Hur mycket tjänar...?, https://www.scb.se/hitta-statistik/sverige-i-siffror/lonesok/Search/?lon=fritidsledare（アクセス日＝2020）

◆ Forkby Torbjörn, Youth Policy and Participation in Sweden - a historical perspective. In The history of youth work in Europe, Volume 4 - Relevance for today's youth work policy (Vols.1-4), Council of Europe Publishing, 2014, http://site.ebrary.com/lib/alltitles/docDetail.action?docID=10703131

◆ Stockholms stad, Områdesfakta, TENSTA stadsdel, 2020.12, https://start.stockholm/om-stockholms-stad/utredningar-statistik-och-fakta/statistik/omradesfakta/

◆ 宮本みち子『若者が「社会的弱者」に転落する』、洋泉社、2002

◆ 田中治彦『ユースワーク・青少年教育の歴史』東洋館出版、2015

◆ 岩田正美『社会的排除―参加の欠如・不確かな帰属』有斐閣、2008

◆ 津富宏、両角達平（訳）「第二回欧州ユースワーク大会宣言―新たな世界を創り出す」、『国際関係・比較文化研究』18（2）、p89-99、2020

◆ 平塚眞樹「第3章　子ども・若者支援の政策と課題」、田中治彦、萩原建次郎『若者の居場所と参加―ユースワークが築く新たな社会』東洋館出版社、2012

◆ J.デュマズディエ（寿里茂訳）『レジャー社会学』社会思想社、1981

◆ 山崎喜比古、坂野純子、戸ヶ里泰典『ストレス対処能力SOC』有信堂高文社、2008

◆ 宮代哲男、佐渡加奈子、山本晃史、大山宏、両角達平、青山鉄兵「スウェーデンのユースワークをたずねるたびに―スタディツアー報告書」中高生施設職員交流会TEENS、2019

第 5 章

◆ 津富宏、両角達平（訳）「欧州委員会白書　欧州の若者のための新たな一押し」、『国際関係・比較文化研究』13（1）、p191-217、2014

◆ 津富宏（訳）「若者と若者政策―スウェーデンの視点」、『国際関係・比較文化研究』、11（2）、p455-468、2013、http://ci.nii.ac.jp/naid/120005732200

◆ Myndigheten för ungdoms- och civilsamhällesfrågor, Sveriges ungdomspolitik, https://www.mucf.se/sveriges-ungdomspolitik

◆ LSU - Sveriges Ungdomsorganisationer, https://lsu.se/

◆ 太田美幸『生涯学習社会のポリティクス―スウェーデン成人教育の歴史と構造』新評論、2011

◆ 太田美幸「スウェーデンにおけるセツルメント運動の歴史と現在」、松田武雄『社会教育福祉の諸

相と課題—欧米とアジアの比較研究』大学教育出版、2015
◆ 石原俊時『市民社会と労働者文化—スウェーデン福祉国家の社会的源流』木鐸社、1996
◆ 日本弁護士連合会「日本の社会保障の崩壊と再生—若者に未来を—基調報告書」、株式会社キリシマ印刷、2018
◆ Fritidsforum, SHORT PRESENTATION OF THE SWEDISH SETTLEMENT MOVEMENT, 2016.11, http://www.fritidsforum.se/internationellt/short-presentation-of-the-swedish-settlement-movement/
◆ Hans-Erik Olson, Högskola eller folkhögskola? Det är frågan!, 2008 http://www.fritidsvetarna.com/6_Ungdomsarbete/Fria_Tider_2008-4-5-Olson_Hogskola_eller_folkhogskola.pdf
◆ Frykman Jonas, Dansbaneeländet: Ungdomen, populärkulturen och opinionen. Natur och kultur, 1988, https://catalog.hathitrust.org/Record/010550861
◆ Forkby Torbjörn, Youth Policy and Participation in Sweden - a historical perspective. In The history of youth work in Europe, Volume 4 - Relevance for today's youth work policy (Vols. 1-4), Council of Europe Publishing, 2014, Retrieved from http://site.ebrary.com/lib/alltitles/docDetail.action?docID=10703131
◆ Charlotta Andersson, Ny SD-reklam väcker starka reaktioner, SVT Nyheter, 2015.8, https://www.svt.se/nyheter/lokalt/stockholm/ny-sd-reklam-vacker-starka-reaktioner
◆ Tomas Hammar, Immigration into the Swedish Welfare State, A. Kondo, Migration and Globalization -Comparing Immigration Policy in Developed Countries, Akashi Shoten, 2008
◆ 石原俊時「社会民主党の歴史—「国民政党」としての歩み」、村井誠人『スウェーデンを知るための60章』明石書店、2009

第6章

◆ 内閣府経済社会総合研究所「スウェーデンの家族と少子化対策への含意—スウェーデン家庭生活調査から—」、2004
◆ OECD「Better Life Index」、2020, https://www.oecdbetterlifeindex.org/
◆ Ungdomsstyrelsen, Unga med attityd 2013: Ungdomsstyrelsens attityd- och värderingsstudie, 2013
◆ 広井良典『ポスト資本主義—科学・人間・社会の未来』岩波書店、2015
◆ 宮本太郎「比較労働運動研究（14）スウェーデン福祉国家と労働運動　未完の制度構想」、生活経済政策、no.140、p24-33、2008
◆ ステファーノ・バルトリーニ（中野佳裕訳）『幸せのマニフェスト—消費社会から関係の豊かな社会へ
◆ 神野直彦『「人間国家」への改革—参加保障型の福祉社会をつくる』NHK出版、2015
◆ ビクター・アレクシス・ペストフ（藤田暁男、石塚秀雄、的場信樹、川口清史、北島健一訳）『福祉社会と市民民主主義—協同組合と社会的企業の役割』日本経済評論社、2000
◆ Diskrimineringsombudsmannen, Lagen om DO, 2008, https://www.do.se/lag-och-ratt/lagen-om-do/

おわりに

　若者政策において若者の声を反映しようとしても「そもそも若者が声をあげない」と不満を漏らす人がいる。それを楯にして、「若者の声を聴かなくてもよし」とする人がいる。そのような言い訳にも、適切な反論の材料を提供してくれるのがスウェーデンの若者政策だ。スウェーデンの若者政策は、困難な状況にある支援ニーズの高い人が声をあげられる状態を確保し、その声が社会的な影響力を持つことを目標にしている。「声をあげない」のではなく、「声があげにくい状況にある」と捉え、声をあげることができる環境を作ること、そしてその声を反映させることが、若者政策の、ひいては社会全体の責務であるという自覚があるのである。

　日本では2015年に選挙権年齢が18歳に引き下げられて以降、若年層の政治参画意識の醸成を目的に主権者教育が注目を集めている。若い世代の投票率が4割を切るのが当たり前の日本でも、同年には文科省と総務省が共同で主権者教育の副教材を出版するなど期待が膨らんだ。しかし2019年の参院選の10代の投票率は32.28%、20代の投票率は平成で2番目の低さとなる30.96%となる壊滅的な結果となった。

　選挙シーズンになるとさまざまな投票への呼びかけや主権者教育が突如として各地で行なわれようになるが、私がそのたびに抱く違和感は、その「啓発アプローチ」に内在するアンバランスな権力関係の未転換にある。啓発アプローチとは、政治的なリテラシーが未熟な主体へ、情報提供や教育を与えて適切な動機付けをすれば選挙へ行くようになることを想定している。学校で選挙の流れを体験させたり、若いアイドルを起用したポスターで注目を引いてみようとしたり、ウェブやSNSで政策比較ができるようにしたり、あるいは投票済証明書と引き換えに商品の割引をしてもらえる「選挙割引」キャンペーンを行なったりと、手を替え品を替え、さまざまな啓発活動が展開される。選挙啓発はするに

越したことはないし、意味がないと言い切らない。しかし根本的な部分がズレていないだろうか。

　若者の心を動かし、若者に変化を与えたいのならば、「投票」を目的にしてはならない。なぜなら「投票」は選挙活動のごく一部の「行動」であり「プロセス」に過ぎないからである。私たちが注目すべきは、「投票」を通した社会参画の「結果」として社会が変わるという「アウトカム」の方である。スウェーデンの若者政策においては、若者の参画は目的にならず、参画を通して、若者が社会への「影響」を与えた結果、どのような変化がもたらされたかということに重きが置かれていることを改めて強調したい。参画のその先のレベルで議論が進んでいるのである。

　スウェーデンでは、社会が若者を社会の構成員として認め、若者も社会を自分事として捉えている。両者が成立したうえで、「民主主義の実現」というミッションを共有している。あらゆる人が平等であり、差別されることなく参画する社会が目指されている。これを可能としているのは、権力関係の転換が起きているからである。つまり大人や政府など放っておけば「権力」が自然に集まりやすい主体が、権力構造に自覚的になり、身を引いて、権力（権限）を若者に託すというプロセスである。スウェーデンの若者政策は1940年代にそのパターナリズムを自覚してから、若者にゆだねる方向へと若者政策を変容させてきた。

　啓発アプローチに内在するのは、「啓発すれど権力構造は変えず」という姿勢である。学校では教員と生徒、会社では上司と部下という縦の強力な主従関係があり、若者支援の現場でも「支援をしてあげる職員」と「支援を受ける若者」という関係が生まれやすい。この関係に縛られたままではあらゆる実践が若者を「庭で飼い慣らす」域を出ないであろう。主権者教育でも投票は促しても、若者による政治的な活動は勧めないし、政治家を学校に招くなど「リアルな政治」

に触れてもらう発想も出ないだろう。

　私たちは、権力構造を自覚し、「若者に託す」実践を展開する必要があるのだ。「若者に参画してもらいたい」という発想のまやかしに私たちが気付くことで「若者からはじまる民主主義」が生まれるのではないだろうか。

　スウェーデンで起きていることは非常にシンプルである。あらゆる人の一人ひとりの人権を保障し、「あなた自身の社会」を実現すること、つまり「民主主義をつくり出す」という理念に集約される。若者団体やスタディサークルなどのアソシエーション活動こそが民主主義の根幹をつくると位置付けるのがスウェーデンであり、学校やユースセンターが主軸ではない。これこそスウェーデンの民主主義のロジックであり、本書の構成に反映させたものである。

　本書を書き下ろす作業は、私が静岡でユースワーク活動を始め、2012年からヨーロッパに住み、帰国するまでの長い時間を振り返る作業であった。これまで幾度と日本とヨーロッパを往復し、ブログで発信し、論文を執筆したり、各地で講演するなどを繰り返してきたが、ここに改めて書籍としてまとめることができ、たいへんうれしく思う。本書を執筆するにあたって、お世話になったすべての方々に心より感謝申し上げたい。とくに、スウェーデンでインタビューに応じてくださった若者や視察やインターンシップを受け入れてくれた活動団体がなければ本書は成り立たなかった。提供いただいた写真は現場をよりリアルに伝えてくれている。編集のうえでは、萌文社の青木沙織さんには頭が上がらない。初めて原稿を持ち込んでから、コロナの影響もあって2年以上が経ってしまったが、本書はそのくらいの時間がかかる壮大なプロジェクトであった。

　また、私の恩師である静岡県立大学の津富宏教授は、ユースワークの活動を始めるきっかけと、私の人生の指針となる書籍『あなた自身の社会』との出会い

をつくってくださった。その後、私がスウェーデンの若者の社会参画について研究する道を選んでからは、さまざまなスウェーデンの団体への訪問の機会や新たな示唆をいただき、本書にもそれが反映されている。

　他にも、静岡のYECの仲間と後輩、そして中・高生たち。スウェーデン留学の足掛かりをつくってくださったRightsのみなさん。自由な研究を後押しくださった静岡県立大学の犬塚協太教授。スウェーデンの魅力を伝え、留学最後の一歩を後押ししてくださった信州大学の林寛平さん。ストックホルムへの留学初日にレストランNaganoであたたかい信州そばを出してくださったTakahasi Tatekiさん。ストックホルムで拠点となる住まいを間借りさせてくれたDan Wirenさんとlrina Gebuhrさん。スウェーデンの野外教育と余暇リーダーについて教えていただいた阿久根佐和子さん。ベルリンのNGOで私を雇ってくださったAndreas Karstenさん、Cristina Bacalsoさん、John Muirさん、Alex Farrowさん。FEO Mediaでお世話になったRobert Willstedtさんと会社の同期のみなさん。ストックホルムでいつも宿を提供してくれるBeata WołochさんとRoland Coopsさん。ストックホルム大学教育学研究科にて指導くださった、Jonas Gustafssonさん、Emma Westさん、Ulf Fredrikssonさん、Mikiko Carsさん。スウェーデンからの留学を受け入れご指導くださった東京大学の北村友人教授。日本のユースワークについて教えてくれる中・高校生施設職員交流会TEENSのみなさんと北欧教育研究会のみなさん。通訳でお世話になった田中麻依さんとLena Lindahlさん。帰国後に私のキャリアの橋渡しをしてくださった青山鉄兵さん。そして私の留学を応援してくれた家族がいなければ、私の研究と挑戦は成し得なかっただろう。みなさまに深く感謝申し上げます。

両角達平

両角達平

Tatsuhei Morozumi

日本福祉大学 社会福祉学部 専任講師。静岡県立大学CEGLOS、国立
青少年教育振興機構（客員研究員）。
1988年長野県茅野市生まれ。静岡県立大学在学中より若者の社会
参画について、ヨーロッパ（特にスウェーデン）の若者政策、ユー
スワークの視点から研究。専門領域は欧州の若者政策論、ユース
ワーク。2009年からは若者支援の活動も始動。
2012年よりスウェーデンの首都ストックホルム大学に留学。新卒で
ドイツの若者政策の国際NGOであるYouth Policy Labsに勤務後、
同大学教育学研究科（国際比較教育専攻）修士課程を卒業。早稲田
大学、駒澤大学、文教大学、東京女子大学で非常勤講師、国立青少年
教育振興機構にて専任研究員を務めた後、現職。
共訳書に『政治について話そう！―スウェーデンの学校における
主権者教育の方法と考え方』（アルパカ、2020年）がある。
ブログ「Tatsumaru Times」　https://tatsumarutimes.com/

両角 達平

若者からはじまる民主主義
──スウェーデンの若者政策

2021年8月15日 初版発行
2021年12月15日 第2刷発行
2023年5月30日 第3刷発行

発行所
萌文社

発行者
谷 安正

〒102-0071
東京都千代田区富士見1-2-32ルーテルセンタービル202

TEL　　　03-3221-9008
FAX　　　03-3221-1038
メール　　info@hobunsya.com
URL　　　http://www.hobunsya.com/
郵便振替　00910-9-90471

表紙デザイン 脊尾花野
印刷製本　音羽印刷株式会社

ISBN 978-4-89491-393-6